Der

Arbeiterschutz

nach dem

Reichsgesetze vom 1. Juni 1891.

Herausgegeben

von

Dr. C. D. Menzen,

Landrichter.

Nebst einem Anhange, enthaltend die päpstliche Encyklika

vom 17. Mai 1891 über die Arbeiterfrage.

Berlin 1891.

J. J. Heines Verlag.

Inhaltsverzeichniß.

I. Einleitung.

1. Begriff des Arbeiterschutzes.

Der Arbeiterschutz umfaßt die Gesammtheit derjenigen Maßregeln und Anstalten, welche bezwecken, Leben und Gesundheit der Arbeiter gegen die aus dem Arbeitsverhältniß selbst drohenden Gefahren zu schützen. Er findet die staatliche Anerkennung seiner Berechtigung in der Arbeiterschutzgesetzgebung. Hierunter versteht man denjenigen Zweig der Gesetzgebung, welcher auf Arbeiter in gewerblichen Unternehmungen Bezug hat und dieserhalb Arbeiter durch Schaffung von Beschränkungen in Folge von Spezialgesetzen gegen eine Benachtheiligung ihrer berechtigten Interessen schützen will, die bei der Freiheit des Arbeitervertrages in dem heute herrschenden System freier Konkurrenz bezüglich ihrer Arbeitsverhältnisse und ihrer sonstigen sozialen Lage als gewerbliche Arbeiter entstehen kann. Zutreffend stellt daher Titel VII. der Reichsgewerbeordnung in § 105 den Satz an die Spitze: „Die Festsetzung der Verhältnisse zwischen den selbständigen Gewerbetreibenden und den gewerblicheu Arbeitern ist, vorbehaltlich der durch Reichsgesetz begründeten Beschränkungen, Gegenstand freier Uebereinkunft." Es fallen demnach die allgemeinen gesetzlichen Bestimmungen über Freizügigkeit, Niederlassung, Unterstützungswohnsitz, obligatorischen Schulunterricht, Vereinswesen, Hilfskassen, Armenwesen 2c. begrifflich nicht unter diesen Zweig der Gesetzgebung.

Der Erörterung der Bestimmungen des Arbeiterschutzes nach dem deutschen Reichsgesetze vom 1. Juni 1891 wird zur Vergleichung eine Zusammenstellung des Arbeiterschutzes in den wichtigsten außerdeutschen Kulturstaaten Europas vorausgeschickt.

---

2. Der Arbeiterschutz in den wichtigsten außerdeutschen Kulturstaaten Europa's

a. England.

Von den neuen Erfindungen auf technischem Gebiete hat England zuerst Vortheil gezogen und ist so das erste Industrie- und Handelsland geworden. In dieser Zeit der Entwicklung hat es die letzten Reste des mittleren und kleinen Landbesitzes fast ganz vernichtet und dadurch eine kräftige Gesellschaftsklasse zerstört. Die großen reichen Grundbesitzer, denen noch soziale und politische Pflichten zukommen, hatten aber eine große politische Macht sich bewahrt. Ihr Interesse wurde durch die Tories im Parlamente vertreten, während die Whigs die Interessen der Industrie und des Handels wahrnahmen. Die Whigs hoben die Kornzölle auf, um ihren Arbeitern möglichst billiges Brod zu verschaffen und um dann die Löhne herabsetzen zu können; die Tories dagegen beschützten die Industriearbeiter, welche durch eine bessere gesicherte Lebensstellung konsumfähiger wurden, was wieder der Landwirthschaft zu Gute kam.

Die englische Arbeiterschutzgesetzgebung datirt weit zurück. Das älteste bekannte zum Schutze von Industriearbeitern erlassene Gesetz datirt vom 22. Juni 1802 und führt den Titel: „Gesetz zur Bewahrung der Gesundheit und Sittlichkeit von Lehrlingen und sonst in Baumwollen- und anderen Fabriken beschäftigten Personen.“ Im Laufe der Zeit folgte eine Reihe weiterer Gesetze; so wurden bereits 1833 Fabrikinspektoren bestellt; aber alle diese Gesetze wurden wieder aufgehoben durch das heute allein geltende Fabrik- und Werkstättengesetz von 1878, welches den Titel führt „Gesetz, betreffend die Vereinfachung und Ergänzung der rechtlichen Vorschriften mit Bezug auf Fabriken und Werkstätten vom 27. Mai 1878.“ Allerdings ist der Titel dieses Gesetzes zu weit gefaßt; er läßt gar Manches vermuthen, was man vergeblich in ihm suchen wird: denn in der Hauptsache ist es ein Gesetz zum Schutze der Kinder, jugendlicher Personen und Frauen, und nur wenige Bestimmungen kommen den erwachsenen männlichen Arbeitern direkt zu Gute. Da aber der Begriff der „geschützten Personen“ in England sehr weit geht, sämmtliche Arbeiterinnen ohne Rücksicht des Alters und die männlichen, jungen Arbeiter bis 18 Jahre umfaßt, so sind indirekt thatsächlich alle Bestimmungen über Arbeitszeit, Nachtarbeit, Sonntagsruhe, Pausen u. s. w. für alle, also auch die erwachsenen industriellen Arbeiter maßgebend geworden.

Als Regel gilt, daß Kinder von noch nicht zehn Jahren weder in Fabriken, noch in Werkstätten, noch in der Landwirthschaft beschäftigt werden dürfen; bis zum 14. Jahre werden sie als Kinder bezeichnet. Junge Personen werden jene genannt, die 14 Jahre überschritten und noch nicht 18 Jahre alt sind. Frau ist jene, die ein Alter von 18 Jahren oder darüber erreicht hat. Werkstätten im Sinne des Gesetzes sind jene Unternehmungen, in denen weniger als 50 Arbeiter beschäftigt sind. Für die jungen Arbeiter (von 14 bis 18 Jahren und alle Arbeiterinnen beträgt die Arbeitszeit in Textilfabriken zehn Stunden täglich und 56 Stunden wöchentlich, in anderen Anlagen (Fabriken und Werkstätten) $10\frac{1}{2}$ Stunden täglich und 60 Stunden wöchentlich, Kinder (von 10 bis 14 Jahren) können in ein und derselben Anlage nur entweder in Vor- und Nachmittagsreihen (Schichten) oder aber an jedem zweiten Tage in Volltagsreihen beschäftigt werden. Die Lage der Schichten muß jede Woche, wechseln. Bei täglicher Halbtagsbeschäftigung beträgt die wirkliche Arbeitszeit sechs Stunden täglich, in dem anderen Falle, wo ein Arbeitstag mit einem freien Tag wechselt, zehn Stunden für den Arbeitstag. In jedem Falle müssen die Kinder zwei Stunden täglich, bezw. vier Stunden zweitägig und zehn Stunden wöchentlich Unterricht in einer staatlich anerkannten Schule (England hat ebensowenig, wie Holland einen gesetzlichen Schulzwang) erhalten und sich darüber ausweisen. In der Hausindustrie dürfen Kinder nur $6\frac{1}{2}$ Stunden und junge Personen nur $10\frac{1}{2}$ Stunden beschäftigt werden. Die Frauenarbeit zu Hause ist jedoch nicht beschränkt, nur daß die Sonntagsarbeit verboten ist. An Sonn- und Feiertagen ist allen „geschützten Personen" (mit Ausnahme der Juden) die Arbeit untersagt. Die Sonntagsruhe beginnt schon am Samstag 2 Uhr Nachmittags. Auch die Nachtarbeit ist verboten, doch sind Ausnahmen zugelassen. Uebrigens dürfen die jugendlichen Arbeiter bis 16 Jahre nur zugelassen werden, wenn der vom Fabrikinspektor bezeichnete Arzt sie zu der besonderen Arbeit körperlich geeignet befunden hat.

Als nützlich erweist sich die Vorschrift, daß die Innenwände der Fabriken und Werkstätten alle 7 Jahre einmal mit Oelfarbe gestrichen und alle 14 Monate mit Wasser und Seife gewaschen oder aber statt des Oel- oder Firnißanstriches alle 14 Monate einmal frisch getüncht werden müssen. Alle Aufzüge, die Schwungräder, Achsenlager, die Transmissionen u. s. w., dann jene mechanischen Theile, die vom Inspektor zur Abschließung bestimmt werden, müssen sicher eingefriedet werden. Von Interesse ist auch die Bestimmung daß den jüdischen jugendlichen Arbeitern und Frauen die Sonntagsarbeit dann gestattet ist, wenn der Besitzer der Fabrik oder Werkstätte selbst jüdischer Religion ist; nur muß dann die Anstalt Samstags geschlossen und Sonntags für den Verkehr nicht offen sein. Hierdurch soll das öffentliche Aergerniß, welches die christliche Bevölkerung an der Entheiligung des Sonntags nimmt, vermieden werden. Die Bestimmungen des Fabrik- und Werkstättengesetzes von 1878 werden übrigens noch ergänzt durch das Gesetz von 1875, betr. die öffentliche Gesundheit, und durch das Kohlengruben-Regulirungs- und Bergwerks-Regulirungsgesetz von 1872.

Die Fabrikaufsicht (Inspektion) ist natürlich von der größten Bedeutung, und man muß gestehen, daß den Inspektoren weitgehende Rechte eingeräumt worden sind. Das Fabrikinspektorat untersteht dem Ministerium des Innern. Dem Minister wird alljährlich vom Chef-Inspektor, dem obersten Beamten der Inspektion, in dessen Hand die ganze Einrichtung centralisirt ist, ein Bericht über die Thätigkeit der Fabrikinspektoren erstattet, und als Blaubuch beiden Häusern des Parlaments mitgetheilt, das Blaubuch ist durchaus das Werk des Chef-Inspektors. Nur wenn dieser Citate aus den an sich nicht für die Oeffentlichkeit bestimmten Berichten der ihm untergebenen Aufsichtsbeamten anführt, kommen letztere zum Wort. Ferner werden in jedem Jahre vom Chef-Inspektor einige Fragen hervorgehoben, auf deren Beantwortung die Inspektoren vor Allem ihr Augenmerk zu richten haben. Unter dem Chef-Inspektor stehen 5 Superintending-Inspektoren, 50 Inspektoren und 10 Inspektorats-Gehilfen (Junior-Inspektors); fünf der letzteren entstammen der Arbeiterklasse, denn die dortigen Arbeiter verlangten längst, daß auch Leiter ihres Standes als Inspektoren gewählt werden. Das englische Handelsministerium hat einen eigenen Arbeiter-Korrespondenten, dessen Arbeitsfeld hauptsächlich die Gewerkvereine sind. Es ist in England die Fabrikgesetzgebung das Werk einer mächtigen, lebendigen Volksbewegung, nicht das Werk einer pflichteifrigen Büreaukratie. Neuerdings wird der gesetzliche achtstündige Arbeitstag für die Bergarbeiter und die im Staats- und Kommunaldienst beschäftigten Arbeiter von der organisirten Arbeiterschaft angestrebt.

b. Schweiz.

Auf dem Kontinent sind am frühesten in einigen Kantonen der Schweiz Bestimmungen über die Beschäftigung jugendlicher Arbeiter in Fabriken getroffen worden. Diese älteren Kantonalgesetze haben indessen nur noch einen historischen Werth, denn heute gilt in der ganzen Schweiz das Bundesgesetz betr. die Arbeit in den Fabriken vom 23. März 1877, welches am 1. Januar 1878 in Kraft getreten ist. Dieses Gesetz, welches im Laufe der Jahre durch die Praxis erheblich ergänzt worden ist, unterscheidet sich von denjenigen der anderen bereits erwähnten Länder besonders dadurch, daß es auch für die erwachsenen Fabrikarbeiter gilt, einen elfstündigen Maximalarbeitstag festsetzt, dem Arbeiter einen Einfluß auf die Fabrikordnungen einräumt, statt der Geldstrafen auch Arreststrafen einführt und die Frau namentlich in sehr ausgiebiger Weise schützt, unter Berücksichtigung ihres Berufes als Mutter und Hausfrau. Auch den Gesundheits- und Sicherungsmaßregeln ist ein besonderes Augenmerk zugewendet: „Die Eröffnung der Fabrik, bezw. des neuern Betriebs, darf nur auf ausdrückliche Ermächtigung der Regierung hin stattfinden." (Art. 3).

Das Bundesgesetz hat nach Art. 1 Geltung „für jede industrielle Anstalt, in welcher gleichzeitig und regelmäßig eine Mehrzahl von Arbeitern außerhalb ihrer Wohnungen in geschlossenen Räumen beschäftigt wird." Diese Auslegung des Begriffs Fabrik ist durch die Praxis mehr oder weniger umgeändert worden, und darüber sind verschiedene Bundesrathsentscheide ergangen. In der Hauptsache wird Alles, was als bloßer Handwerks- oder Kleinbetrieb zu betrachten ist, von dem Begriff „Fabrik" ausgeschlossen.

Die Hauptbestimmungen des Gesetzes sind folgende:

Kinder, welche das 14. Altersjahr noch nicht zurückgelegt haben, dürfen nicht für Arbeit in Fabriken verwendet werden. Für Kinder zwischen 14 und 16 Jahren sollen der Schul- und Religionsunterricht und die Arbeit in der Fabrik zusammen elf Stunden den Tag nicht übersteigen, der Schul- und Religionsunterricht darf durch die Fabrikarbeit nicht beeinträchtigt werden. Frauenpersonen sollen nach Art. 15 unter keinen Umständen zur Sonntags- und Nachtarbeit verwendet werden. Wenn dieselben ein Hauswesen zu besorgen haben, so sind sie eine halbe Stunde vor der Mittagspause zu entlassen, sofern dieselbe nicht mindestens $1^1/_2$ Stunde beträgt. Vor und nach ihrer Niederkunft dürfen Wöchnerinnen im Ganzen während acht Wochen in der Fabrik nicht beschäftigt werden. Davon müssen mindestens 6 Wochen auf die Zeit nach ihrer Niederkunft fallen. Zur Reinigung im Gange befindlicher Motoren, Transmissionen und gefahrdrohender Maschinen, dürfen Frauenspersonen nicht verwendet werden.

Die Arbeit an Sonntagen ist, Nothfälle vorbehalten, untersagt, ausgenommen in solchen Anlagen, welche ihrer Natur nach ununterbrochenen Betrieb erfordern und hierfür die vorgesehene Bewilligung des Bundesraths erlangt haben. Auch in den Anstalten dieser Art muß aber für jeden Arbeiter der zweite Sonntag frei bleiben. Die Kantonalgesetzgebung kann weitere Festtage bis zu 8 im Jahre bestimmen; dieselben sind aber nur für die betreffenden Konfessionsgenossen bindend. „Wer an weiteren kirchlichen Feiertagen nicht arbeiten will, soll wegen Verweigerung der Arbeit nicht gebüßt werden dürfen." (Art. 14.)

Nachtarbeit gehört zu den Ausnahmen; die amtliche Bewilligung ist dazu einzuholen, sowie die Zustimmung der Arbeiter erforderlich. Wenn die Nothwendigkeit der ununterbrochenen Arbeit nachgewiesen wird, kann der Bundesrath regelmäßige Nachtarbeit gewähren. (Art. 13.)

Für diesen Fall ist auch unter bestimmten Kautelen die Nachtarbeit von jungen Leuten unter 13 Jahren zulässig.

Der von dem elfstündigen Maximalarbeitstag handelnde Art. 11 bestimmt: „Die Dauer der regelmäßigen Arbeit eines Tages darf nicht mehr als elf Stunden, an den Vorabenden von Sonn- und Festtagen nicht mehr als zehn Stunden betragen und muß in die Zeit zwischen 6 Uhr, bezw. in den Sommermonaten Juni, Juli und August 5 Uhr Morgens und 8 Uhr Abends verlegt werden" . . . . .

Die Ausnahmen sind sehr beschränkt, auch Kürzungen können von dem Bundesrathe angeordnet werden. Mittags muß mindestens eine Stunde freigegeben werden. Auf Hilfsarbeiten, die vor oder nach der eigentlichen Fabrikarbeit geschehen müssen, findet dieser Artikel keine Anwendung, insofern diese Arbeiten von Männern oder unverheiratheten Frauen über 18 Jahre verrichtet werden."

Außer der Schweiz hat nur noch Oesterreich den gesetzlichen elfstündigen Maximalarbeitstag.

Nach Art. 7 dürfen Bußen, welche laut einer Fabriksordnung erhoben werden können, die Hälfte des Tagelohnes des Gebüßten nicht überschreiten und sind zu Gunsten der Arbeiter zu verwenden. Lohnabzüge wegen mangelhafter Arbeit oder verdorbenem Stoffe fallen aber nicht unter den Begriff „Buße."

Ueber die Durchführung des vorstehend skizzirten Fabrikgesetzes übt der Bundesrath die Kontrole aus, zu welchem Zweck er ständige Inspektoren bezeichnet und die Pflichten und Befugnisse derselben festsetzt. Gegenwärtig walten drei Inspektoren ihres Amtes; ihre Berichte sind sehr lehrreich und kommen den vortrefflichen Berichten der österreichischen Gewerbe-Inspektionen am nächsten. Die Amtsdauer der Inspektoren ist, wie bei allen eidgenössischen Beamten eine dreijährige. Die Instruktion für die Fabrikinspektoren stimmt im Wesentlichen mit der preußischen Dienstanweisung für die Gewerberäthe vom 24. Mai 1879, sowie mit dem österreichischen Gesetze über die Gewerbe-Inspektoren vom 17. Juni 1883 überein.

Im Großen und Ganzen fußt das sonst vortreffliche schweizerische Fabrikgesetz auch auf der Fabrikreglementirung. Es hat als solche unbedingt einen sehr großen wirthschaftlichen und sittlichen Werth, aber es ist erst ein Theil der sozialen Gesetzgebung. Es schützt den Körper, aber es schützt den Arbeiter deswegen noch nicht vor Mangel im Falle der Erwerbsunfähigkeit durch Krankheit, Unfall, Alter und Invalidität. Um dem abzuhelfen, schickt man sich neuerdings in der Schweiz an, zunächst mit der Kranken- und Unfallversicherung der Arbeiter vorzugehen, wobei bei der Unfallversicherung das deutsche Vorbild in Wesentlichen angenommen wird, während bei den Kranken- und Unterstützungskassen an der Selbstverwaltung mit staatlicher Aufsicht festgehalten werden soll. Durch Bundesgesetz vom 26. April 1887 ist übrigens die Haftpflicht der Unternehmer erheblich ausgedehnt worden.

c. Oesterreich.

In Oesterreich ist durch die Gewerbeordnungs-Novelle vom 8. März 1885 über das gewerbliche Hülfspersonal der Arbeiterschutz in einer Weise geregelt worden, die dem schweizerischen Fabrikgesetz ziemlich nahe kommt. Auch in Oesterreich ist der elfstündige Maximalarbeitstag für die „fabriksmäßig betriebenen Gewerbeunternehmungen" eingeführt, die Kinder genießen weitgehenden Schutz, die Nachtarbeit der Frauen und jugendlichen Arbeiter zwischen 14 und 16 Jahren ist, Ausnahmen abgerechnet, verboten, und „an Sonntagen hat alle gewerbliche Arbeit zu ruhen," doch sind hier durch ministerielle Verfügung zahlreiche Ausnahmen zugelassen. Durch ein besonderes Gesetz vom 17. Juni 1883 ist außerdem eine recht tüchtige Gewerbe-Inspektion eingeführt worden.

Unter „Hülfsarbeitern" werden in dem österreichischen Gesetz alle Arbeitspersonen, welche bei Gewerbsunternehmungen in regelmäßiger Beschäftigung stehen, ohne Unterschied des Alters und Geschlechts verstanden, und zwar: a. Gehülfen (Handlungsgehülfen, Gesellen, Kellner, Kutscher bei Fuhrgewerben und dergleichen); b. Fabrikarbeiter; c. Lehrlinge; d. jene Personen, welche zu untergeordneten Hülfsdiensten beim Gewerbe verwandt werden.

Kinder vor dem vollendeten 12. Jahre dürfen zu regelmäßigen gewerblichen Beschäftigungen nicht verwendet werden (§ 94), dagegen sind Kinder vor vollendetem 14. Jahre von der Arbeit in Fabriken ausgeschlossen (§ 96 b). Jugendliche Hülfsarbeiter zwischen dem vollendeten 12. und dem vollendeten 14. Jahre dürfen zu regelmäßigen gewerblichen Beschäftigungen verwendet werden, sofern ihre Arbeit der Gesundheit nicht nachtheilig ist und die körperliche Entwicklung nicht hindert, dann der Erfüllung der gesetzlichen Schulpflicht nicht im Wege steht. Die Dauer der Arbeit dieser jugendlichen Hülfsarbeiter darf jedoch acht Stunden täglich nicht übersteigen. Wöchnerinnen dürfen erst nach Verlauf von vier Wochen nach ihrer Niederkunft zu regelmäßigen gewerblichen Beschäftigungen verwendet werden.

Der von der Sonn- und Feiertagsruhe handelnde § 75 bestimmt principiell: „An Sonntagen hat alle gewerbliche Arbeit zu ruhen." Ausgenommen hiervon sind nur alle Säuberungs- nnd Instandhaltungsarbeiten. Durch ministerielle Verordnung kann aber bei Gewerben, „bei denen eine Unterbrechung des Betriebs unthunlich oder bei denen der ununterbrochene Betrieb im Hinblicke auf die Bedürfnisse der Konsumenten oder des öffentlichen Verkehrs erforderlich ist, die gewerbliche Arbeit auch an Sonntagen gestattet werden." Durch ministerielle Verordnung vom 27. Mai 1885 ist demgemäß zunächst festgesetzt worden, daß die Sonntagsruhe spätestens Sonntag um 6 Uhr früh, und zwar für die ganze Arbeiterschaft gleichzeitig, zu beginnen und volle 24 Stunden von ihrem Beginne an zu dauern hat. Außerdem werden in dieser Verordnung die Betriebe aufgezählt, in welchen die Sonntagsarbeit aus den im Gesetz vorgesehenen Gründen gestattet wird.

Der vom elfstündigen Maximalarbeitstag handelnde § 96 a bestimmt: „In fabriksmäßig betriebenen Gewerbs-Unternehmungen darf für die gewerblichen Hülfsarbeiter die Arbeitsdauer ohne Einrechnung der Arbeitspausen nicht mehr als höchstens elf Stunden binnen 24 Stunden betragen." Durch ministerielle Verordnung kann aber die Verlängerung der täglichen Arbeitszeit um eine Stunde gewährt werden. Die Ueberstunden sind besonders zu entlohnen. Behufs Erleichterung des Uebergangs zur täglichen Maximalarbeitsdauer ist durch die ministerielle Verordnung vom 27. Mai 1885 besonders den Spinnereien die Verlängerung um eine Stunde bewilligt worden, neuerdings hat aber die Ueberzeitbewilligung im Wesentlichen aufgehört.

Das österreichische Gesetz kennt auch die obligatorischen Arbeitsordnungen für alle Anlagen, in welchen über 20 Hülfsarbeiter in gemeinschaftlichen Lokalen beschäftigt sind, ferner die obligatorischen Arbeitsbücher.

Die österreichischen Gewerbe-Inspektoren-Berichte sind ausgezeichnet und bilden für den Sozialpolitiker eine wahre Fundgrube. Unter einem Centralinspektor arbeiten 16 Inspektoren. Besonders charakteristisch erscheint uns der § 18 des Gesetzes über die Bestellung von Gewerbe-Inspektoren, der lautet: „Die Gewerbe-Inspektoren dürfen für ihre Amtshandlungen weder von den Gewerbe-Inhabern noch von den Hülfsarbeitern eine wie immer geartete Vergütung annehmen und haben die ihnen von denselben angebotene Gastfreundschaft abzulehnen."

d. Ungarn.

In Ungarn beruht die Fabrikgesetzgebung auf dem revidirten Gewerbegesetz von 1884, und erschöpft sich in der Hauptsache in einigen schwächlichen Bestimmungen über die Arbeit von Kindern, die bedingungsweise schon mit dem 10. Jahre zur Arbeit zugelassen werden, der Arbeit von jungen Personen, in einer unzureichenden Schutzbestimmung für die Wöchnerinnen, der Vorschriften von Pausen während der Arbeit, in der Beschränkung der Tagesarbeit auf die Zeit von 5 Uhr Morgens bis 9 Uhr Abends, wonach ein Arbeitstag von 16 Stunden mit einer effektiven Arbeitsleistung von 14 Stunden gesetzlich erlaubt ist, mit der Bestellung einer Fabrik-Inspektion (unter einem Central-Gewerbe-Inspektor arbeiten drei Inspektoren für das ganze Königreich) und einigen elastischen Bestimmungen gegen den Truck. Ein Verbot der Sonntagsarbeit fehlt in dem Gewerbegesetz von 1884, dasselbe enthält bloß die Vorschrift, daß der Gewerbetreibende verpflichtet ist, den Gehülfen dazu Zeit zu lassen, daß er an Feiertagen dem Gottesdienste seiner Religion beiwohnen könne.

Demnächst wird sich aber das ungarische Parlament mit einem ihm schon vor einiger Zeit zugegangenen Gesetzentwurf über die Arbeitsruhe an Sonntagen zu beschäftigen haben. In der Hauptsache lehnt sich der Entwurf an die entsprechende österreichische Gesetzgebung an; wie die letztere acceptirt er als Hauptprinzip, daß die Sonntagsruhe für das gesammte gewerbliche Leben gelten soll, und ist im Uebrigen auch in verschiedenen Spezialvorschriften zum Theil eine direkte Abschrift des österreichischen Gesetzes und der bezüglichen

Verordnungen. Die Sonntagsruhe soll spätestens am Morgen um 6 Uhr beginnen und 24 Stunden dauern, die Rücksichten auf die Unmöglichkeit einer Unterbrechung des Betriebs, auf die Bedürfnisse der Konsumenten und des öffentlichen Verkehrs sollen die ministeriellen Behörden ermächtigen, ausnahmsweise die Sonntagsarbeit für bestimmte Industriezweige im Verordnungswege zu gestatten.

c. Frankreich.

In Frankreich war das Gesetz vom 22. März 1841 der erste Versuch, den in der Industrie verwendeten Kindern einen allgemeinen Schutz zu sichern. Seine wichtigsten Bestimmungen waren: Beschränkung der Arbeitszeit für Kinder auf acht Stunden bis zum zwölften Lebensjahre, auf zwölf Stunden bis zum sechszehnten Jahre, Verbot der Nachtarbeit für die geschützten Kinder, besondere Fälle ausgenommen, absolutes Verbot der Arbeit an Sonn- und Festtagen. Leider aber wurde keine ernsthafte Inspektion eingerichtet, so daß schließlich das ganze Gesetz scheiterte. Man hatte die Ueberwachung unentgeltlichen Kommissionen übertragen, deren Mitglieder meist selber Fabrikanten waren. Nahm es da einer oder der andere ernst mit seiner Ehrenstellung, so war er solchen Chikanen ausgesetzt, daß er sich bald beeilte, seine Entlassung zu geben, und so blieb denn Alles beim Alten.

Nach der Februar-Revolution hatte man mit Forderungen der Arbeiter zu rechnen. Eines der ersten Dekrete der provisorischen Regierung war das vom 2. März 1848, welches den Arbeitstag für Paris auf 10 und für die Provinz auf 11 Stunden festsetzte. Dieses Dekret wurde abgelöst durch das Gesetz vom 9. September 1848, durch welches der zwölfstündige Normalarbeitstag für ganz Frankreich eingeführt wurde. Aber auch dieses Gesetz stand im Wesentlichen nur auf dem Papier. Schon durch Dekret vom 17. Mai 1851 wurde das Gesetz wesentlich eingeschränkt durch Anführung von vielen Ausnahmen, nach denen 1 bis 2 Stunden mehr gearbeitet werden durfte.

Das einzelne Gesetz, das allmälig zur Durchführung gelangte, war das vom 19. Mai 1874 (Gesetz über die Arbeit der in der Industrie beschäftigten Kinder und minderjährigen Mädchen). Es ist ungefähr den älteren englischen Gesetzen nachgebildet, schützt aber nur Kinder und minderjährige Mädchen. Kinder sind nach dem Gesetz die jungen Personen bis zum vollendeten 16. Jahre. Die Frauen werden in dem Gesetze nur bei den unterirdischen Arbeiten genannt. Die Zulassung von Mädchen und Frauen zu unterirdischen Bergwerksarbeiten wird zum ersten Male verboten. Vom Normalarbeitstag ist keine Rede mehr. Während aber das englische Gesetz seinen Schutz auf männliche junge Personen bis 18 Jahren ausdehnt, geht das französische nur bis 16 und bei weiblichen Personen bis zu 21 Jahren, während das englische Gesetz auch noch die Frauen über 18 Jahre mit einbegreift.

Dem Gesetz von 1874 zufolge dürfen Kinder vor ihrem zurückgelegten 12. Altersjahre weder in Fabriken, noch Werkstätten beschäftigt werden. In einzelnen besonders bezeichneten Industriezweigen können aber schon Kinder im Alter von 10 Jahren beschäftigt werden. Die bezeichneten Industriezweige sind hauptsächlich Spinnereien, ferner Glas-, Papier-, Tüll- und Spitzenfabriken. Kinder bis zum 12. Jahre dürfen nicht mehr als sechs Stunden zur Arbeit angehalten werden, während Kinder über dieses Alter hinaus täglich zwölf Stunden beschäftigt werden können. Knaben bis zum 16. und Mädchen bis zum 21. Altersjahre dürfen weder während der Nachtzeit noch an Sonn- und gesetzlich anerkannten Feiertagen beschäftigt werden. Eine Ausnahme bilden Gewerke mit beständigem Feuer: Papier-, Zucker- und Glasfabriken, sowie Erzhütten, wo Knaben vom 12. bis zum 16. Jahre sowohl Nachts als an Sonn- und Feiertagen beschäftigt werden können.

Durch das Gesetz von 1874 wurde die Fabrik-Inspektion erst wirklich organisirt. 15 Inspektoren wurden eingeführt, von welchen jeder einen besonderen Inspektionskreis erhielt. Außer diesen Inspektoren, deren Zahl heute 21 beträgt, wurden ihnen zur Seite unentgeltlich thätige Ortskommissionen eingesetzt, sowie eine Oberkommission, die für eine gleichförmige und wachsame Anwendung des Gesetzes zu sorgen, Rathschläge über alle den Arbeiterschutz betreffenden Fragen zu ertheilen und alljährlich einen Generalbericht an den Präsidenten der Republik zu richten hat. Ueberdies wurde es den einzelnen Departements anheimgestellt, eigene, jedoch unter Leitung der staatlich angestellten Inspektoren stehende Arbeitsinspektoren anzustellen und zu besolden. Die Lokalkommissionen haben indessen zum Theil gar nicht, zum Theil nur dem Namen nach gearbeitet, und mehr als Dreiviertel aller Departements haben von der Befugniß, eigene Inspektoren anzustellen, gar keinen Gebrauch gemacht.

Am 14. März 1883 richtete der Handelsminister an die obere Kommission des Gewerbe-Inspektorats einen Brief, in welchem er diese Körperschaft aufforderte, ihm zu berichten, ob Aenderungen in der Arbeiterschutzgesetzgebung angezeigt seien. Es wurde eine der üblichen Untersuchungen veranstaltet, bei welcher auch Arbeitersyndikate gehört wurden. Endlich legte der Handelsminister am 13. November 1886 der Kammer den Entwurf eines neuen Arbeiterschutzgesetzes vor, der ziemlich weit geht, aber bisher zwischen Deputirtenkammer und Senat hin- und hergeschoben worden ist.

Nach diesem Gesetzentwurf, der ebenfalls den Maximalarbeitstag nicht kennt, sollen Kinder erst nach zurückgelegtem dreizehnten Altersjahr zur Arbeit in Fabriken und Werkstätten zugelassen werden. Ein Kind unter 16 Jahren soll nicht zur Arbeit zugelassen werden, wenn es nicht mit einem ärztlichen Zeugniß über seine physische Tauglichkeit versehen ist. Für die jugendlichen Arbeiter bis 16 Jahre soll die Nachtarbeit verboten sein. Für alle in sämmtlichen Industriezweigen beschäftigten Personen beiderlei Geschlechts bis zum Alter von achtzehn Jahren, sowie für alle Frauen und Mädchen über dieses Alter hinaus soll der Arbeitstag zehn Stunden betragen. Damit erhebt sich die französische Vorlage in Bezug auf den Schutz der jugendlichen Personen und Frauen selbst über das schweizerische Fabrikgesetz; es ist aber gerade dieser zehnstündige Arbeitstag für Frauen und junge Personen bis 18 Jahren, welcher im Senat den meisten Anstoß erregt hat. Nur das englische Arbeitsgesetz steht in dieser Beziehung noch höher, indem durch Festsetzung einer kürzeren Arbeitszeit an den Samstagen (die Sonntagsruhe beginnt bereits Samstags Nachmittags 2 Uhr) alle die geschützten Personen in der Textilindustrie wöchentlich nur 56½ und in allen übrigen Industrien 59½ Stunden beschäftigt werden; ferner, indem es sich auch auf die Hausindustrie erstreckt. Es ist bezeichnend, daß der Sonntag nicht als gesetzlicher Ruhetag ausgesprochen wird, vielmehr ist nur von einem wöchentlichen Ruhetag die Rede.

Auch das Fabrikinspektorat erweitert der Entwurf. Der französische Inspektionsdienst soll künftig einen verantwortlichen General-Inspektor an der Spitze haben, dem die Divisions-Inspektoren, die vom Staate ernannt werden, als Hülfsbeamte beigegeben sind.

Es spricht für das Interesse der französischen Regierung für den weiteren Ausbau des Arbeiterschutzes, daß sie von ihren Vertretern in allen Kulturstaaten Berichte über die Arbeiterverhältnisse und die jeweilige Arbeiterschutzgesetzgebung eingefordert hat und diese Berichte in Form von Gelbbüchern dem Parlament zugänglich macht.

f. Holland.

In Holland war das Gesetz vom 19. September 1874, das die Fabrikarbeit von Kindern unter 12 Jahren verbot, das erste Arbeiterschutzgesetz. Lange Zeit blieb es auch das einzige, trotz der zu Tage tretenden Unzulänglichkeit und trotz der Anläufe zur Fortführung. Erst die parlamentarische Untersuchung über die Arbeiterverhältnisse, welche 1887 stattfand, schaffte Wandel. Eine Folge dieser Untersuchung war das Gesetz vom 5. Mai 1889 gegen die übermäßige und gefährliche Arbeit junger Personen und Frauen, welches am 1. Jan. 1890 in Kraft getreten ist und das Gesetz von 1874 ersetzen sollte. Ein Hauptvorzug dieses neuen Gesetzes ist zunächst sein ausgedehnter Geltungsbereich, denn es trifft Handwerk, Hausindustrie und Fabrikindustrie gleichmäßig; ausgenommen sind nur Landwirthschaft, Gärtnerei, Forstwirthschaft, Moorkultur und häusliche Dienste. Nur die englische Gesetzgebung unterwirft in gleicher Weise wie in Holland, die Hausindustrie der Arbeiterschutzgesetzgebung. Die zulässige Arbeitszeit ist durch das Gesetz für alle Arbeiterinnen und für die jugendlichen Arbeiter bis zu 16 Jahren auf höchstens 11 Stunden festgesetzt. Durch diese Einführung des elfstündigen Maximalarbeitstages für die Arbeiterinnen, sowie durch das Verbot der Sonntags- und Nachtarbeit der Frauen überschritt die holländische Gesetzgebung das bisherige Niveau der deutschen. Für besonders gesundheitsgefährliche Betriebe kann außerdem die Arbeit von Frauen und Personen unter 16 Jahren überhaupt verboten werden. Wöchnerinnen sind bis 4 Wochen geschützt. Durch Regierungsverordnung können allerdings Ausnahmen von den vorstehenden Bestimmungen gestattet werden. Die Hauptbestimmungen des holländischen Schutzgesetzes enthält Artikel 5, welcher lautet: „Die Arbeit von Personen unter 16 Jahren und von Frauen in Fabriken und Werkstätten darf nicht vor 5 Uhr Morgens beginnen und darf nicht länger als bis 7 Uhr Abends dauern, unter der Bedingung, daß die Zahl der geleisteten Arbeitsstunden nicht mehr als elf innerhalb 24 Stunden beträgt." Im Wesentlichen werden also nur Frauen und jugendliche Personen bis zu 16 Jahren geschützt, doch kommt dieser Schutz wie in England zugleich auch den erwachsenen männlichen Arbeitern zu Gute. Drei Gewerbe-Inspektoren überwachen die Durchführung des Gesetzes, dessen Uebertretung durch ziemlich milde Strafen geahndet wird. Der holländischen sozialdemokratischen Arbeiterpartei geht natürlich das Gesetz nicht weit genug. Sie hat durch ihren Vertreter Domela Nieuwenhuis in der Kammer folgende Forderungen stellen lassen: Verbot der Kinderarbeit bis 15 Jahre (statt wie bisher bis 12), Arbeitszeit für jugendliche Arbeiter 4 Stunden, 4 Stunden Unterricht; Arbeitszeit für Frauen 6 Stunden, Arbeitszeit für erwachsene Männer 8 Stunden, in gesundheitsschädlichen Betrieben noch kürzer. Verbot der Frauenarbeit sechs Wochen vor und sechs Wochen nach der Entbindung mit Weiterbezug des Lohnes während dieser Zeit, mindestens ein Fabrikinspektor für jede Provinz, den die Arbeiter zu wählen haben.

Die jetzt eingesetzten drei Inspektoren berichten jährlich über ihre Amtsthätigkeit an den Minister, der die Berichte ganz oder theilweise den Generalstaaten vorlegt.

g. Schweden.

In Schweden ist durch Verordnung vom 18. Juni 1864 bestimmt, daß Keiner vor dem vollendeten 12. Jahre zum Gehülfen im Handel oder zum Arbeiter in einer Fabrik, in einem Handwerk oder einer anderen Handlung angenommen werde. Die Nachtarbeit in Fabriken und Werkstätten ist bis zum 18. Lebensjahr verboten. Durch Gesetz vom 18. November 1883 ist die Arbeitszeit für Kinder bis 14 Jahren auf 6 Stunden, für junge Leute von 14 bis 16 Jahren auf höchstens 12 Stunden täglich normirt. Durch das Gesetz vom 10. Mai 1889 ist Schweden außerdem in die Reihe der Staaten getreten, die durch eine Fabrikinspektion Leben und Gesundheit ihrer industriellen Arbeiter zu schützen suchen. Ausgeschlossen von der Inspektion sollen nur die Landwirthschaft mit ihrem Nebengewerben, sowie das Baugewerbe sein. Die Aufgabe der Inspektoren soll in erster Linie eine berathende und reformirende sein. Das Gesetz, für welches das Gewerbe-Inspektorat für Schweden eingeführt wurde, ist erst am 1. Juli 1890 in Kraft getreten. Eine parlamentarische Kommission hat sich außerdem seit mehreren Jahren viel mit der Versicherung der Arbeiter gegen Krankheits-Unfall und Invalidität nach deutschem Muster beschäftigt.

h. Dänemark.

In Dänemark dürfen Kinder gemäß Gesetz von 1873 unter 10 Jahren in Fabriken und Werkstätten nicht zugelassen werden. Kinder von 10 bis 14 Jahren dürfen nur halbtagsweise und höchstens sechs Stunden täglich beschäftigt werden. Die Arbeitszeit für junge Leute von 14 bis 18 Jahren beträgt höchstens zehn Stunden den Tag. Die in Dänemark ziemlich starke sozialdemokratische Arbeiterpartei verlangt eine Erweiterung dieser Bestimmungen, Ausdehnung des Schutzes auf die erwachsenen Arbeiterinnen und vor Allem die Einführung des täglichen Zehnstundentages für alle erwachsenen Arbeiter beiderlei Geschlechts. Im Prinzip hat sich die Partei übrigens ebenso wie die schwedische Sozialdemokratie der internationalen Achtstundenbewegung angeschlossen. Auf dem Gebiete der Arbeiterversicherung steht Dänemark im Begriff, dem deutschen Beispiele zu folgen.

i. Spanien.

In Spanien darf kein Kind unter 10 Jahren beschäftigt werden, und die zulässige Arbeitszeit für Knaben bis zu 13 und Mädchen bis zu 14 Jahren beträgt 5 Stunden täglich, für Knaben von 13 bis 15 Jahren und Mädchen von 14 bis 17 Jahren 8 Stunden. Diese Bestimmungen werden aber nur lax gehandhabt, da es an einer genügenden Aufsicht fehlt.

k. Italien.

In Italien ist seit 1866 die Arbeit von Kindern unter 9 Jahren in oberirdischen industriellen Etablissements, von Kindern unter 10 Jahren in unterirdischen Betrieben durchaus verboten, doch fehlt es auch hier an einer genügenden Inspektion. Die Kinder von 9 bis 15 Jahren bedürfen, ehe sie zur Arbeit in Fabriken, Gruben oder Minen zugelassen werden, nach englischem Muster eines ärztlichen Attestes, daß sie gesund und für die betreffende Arbeit körperlich geeignet sind. Die zulässige Arbeitszeit für Kinder von 9 bis 15 Jahren beträgt 8 Stunden täglich. Nachtarbeit ist Kindern unter 12 Jahren untersagt, solchen von 12 bis 15 Jahren aber bis zu 6 Stunden gestattet.

II. Der Arbeiterschutz nach dem Reichsgesetz vom 1. Juni 1891.

1. Vorbemerkung.

Um für die deutschen Arbeiter dasjenige Maß des gesetzlichen Schutzes herbeizuführen, welches zur Zeit ohne Gefährdung der einheimischen Industrie und damit der eigenen Interessen der Arbeiter selbst gewährt werden kann, war die Frage, welchen Abänderungen die Gewerbeordnung in ihren hierbei in Frage kommenden Theilen unterzogen werden konnte, einer erneuten Prüfung unterzogen worden. Diese Prüfung, bei der auch die Verhandlungen der inmittelst abgehaltenen internationalen Konferenz berücksichtigt worden sind, war zu dem Ergebniß gelangt, daß sämmtliche Theile der Arbeiterschutzgesetzgebung, welche diese Konferenz ihrer Berathung unterzogen hat, soweit sie in den Rahmen der Gewerbeordnung fallen, auch für Deutschland einer weiteren Ausdehnung fähig sind.

Das Gesetz sieht zunächst vor eine Beschränkung der Sonntags-, Kinder- und Frauenarbeit.

In allen drei Beziehungen war die Nothwendigkeit eines Fortschrittes der Gesetzgebung bereits längst anerkannt worden. Die Sicherung der Sonntagsruhe für die Arbeiter beruhte bisher abgesehen von der Bestimmung des § 105 Absatz 2 der Gewerbeordnung lediglich auf den mannigfach verschiedenen Landesgesetzgebungen. Ueber die Beschäftigung erwachsener Arbeiterinnen, die bisher nur durch die Bestimmungen der §§ 135 Absatz 5, 139a Absatz 1, 154 Absatz 4 Berücksichtigung gefunden hatte, erforderten umfassendere, sämmtliche Arbeiterinnen schützende Bestimmungen. Endlich sind auch die Vorschriften der Gewerbeordnung über die Beschäftigung von Kindern, obwohl sie den von der internationalen Konferenz aufgestellten Grundsätzen schon bisher entsprochen und über das Maß des Schutzes, das in den Gesetzgebungen der Mehrzahl der europäischen Staaten geboten wird, zum Theil erheblich hinausgingen, mit Rücksicht auf die Anforderungen, die in dieser Beziehung der Stand der Kultur und die öffentliche Meinung in Deutschland stellen, als verbesserungsfähig und bedürftig erkannt und daher erweitert worden.

Das Gesetz enthält weiter Bestimmungen, welche einen größeren Schutz der Arbeiter gegen Gefahren für Leben, Gesundheit und Sittlichkeit und den Erlaß obligatorischer Fabrikordnungen bezwecken. Durch die obligatorischen Fabrikordnungen, vor deren Erlaß die Arbeiter zu hören sind, sollen die vielen Streitigkeiten aus dem Arbeitsvertrag möglichst beseitigt werden. Der Kreis derjenigen Betriebe, auf welche die zur Regelung der Frauen- und Kinderarbeit erlassenen Bestimmungen anwendbar sind, ist über die im bisherigen § 154 gezogenen Grenzen hinaus ausgedehnt worden. Entsprechend der Erweiterung des Arbeiterschutzes ist auch die Aufsichtsthätigkeit der Aufsichtsbeamten erweitert worden.

Die Gesammtheit der hiernach erforderlich gewordenen Abänderungen des Titels VII der Gewerbeordnung ist so umfangreich, daß es um die Uebersichtlichkeit und sichere Handhabung der nun geltenden Bestimmungen zu wahren, zweckmäßig erschien, einen neuen Titel VII an die Stelle des bisherigen zu setzen. Dann aber empfahl es sich, um eine baldige abermalige Abänderung dieses Titels zu vermeiden, auch noch einige weitere Abänderungen und Ergänzungen vorzunehmen, die zwar nicht in den Kreis der eigentlichen Arbeiterschutzgesetzgebung fallen, sich aber auch auf die Regelung der Arbeiterverhältnisse beziehen und bereits als nothwendig oder wünschenswerth erkannt worden waren. Neben einigen weniger wichtigen Bestimmungen handelt es sich dabei vornehmlich um Ergänzung der Bestimmungen über die Arbeitsbücher, die den Zweck verfolgen, durch Stärkung der elterlichen Autorität der eingerissenen Zuchtlosigkeit der Jugend entgegenzuwirken, sowie um die Aufnahme von Bestimmungen, wodurch die Verhältnisse der Werkmeister und Techniker einer besonderen Regelung unterzogen werden.

Das vorliegende Gesetz enthält in den Artikeln 1 und 2 zwei eingeschaltete Paragraphen, in den Titeln II und III, in dem Artikel 3 den vollständigen Text des neuen Titels VII, in den Artikeln 4, 5, 6 die Abänderungen und Ergänzungen, welche in Folge der Abänderung des Titels VII in den Titeln IX, VI und X erforderlich geworden sind, sowie eine Abänderung des Artikels 151, welche sich durch neuere Erfahrungen als Bedürfniß herausgestellt hat, im Artikel 7 die Abänderung des § 154 und Einschaltung des § 154a, im Artikel 8 die Abänderung des § 155 und im Artikel 9 die Bestimmung über den Zeitpunkt, mit dem das Gesetz in Kraft tritt, nebst den erforderlichen Uebergangsbestimmungen.

2. Die Sonntagsruhe.

Die Sonntagsruhe für die Arbeiter beruhte, wie bereits oben bemerkt ist, bisher in der Hauptsache auf den mannigfach verschiedenen Landesgesetzgebungen. Insoweit sie weitergehende Beschränkungen der Arbeit an Sonn- und Festtagen als das vorliegende Gesetz enthalten, stehen sie dessen Bestimmungen nicht entgegen. Im Uebrigen sind die Bestimmungen über die Sonntagsruhe nunmehr reichsgesetzlich einheitlich geregelt, vorbehaltlich späterer Ausdehnung durch Kaiserliche Verordnung mit Zustimmung des Bundesrathes auf andere Gewerbe. Das Gesetz stellt als Prinzip das Ruhen der gewerblichen Arbeit am Sonntag auf. Es sollen zunächst Arbeiter an Sonn- und Feiertagen im Berg- und Hüttenbetrieb, in Fabriken und Werkstätten, auf Zimmerplätzen und anderen Bauhöfen, auf Werften, Ziegeleien und bei Bauten aller Art während der Sonntagsruhezeit nicht beschäftigt werden. Das Gesetz hat keine Anwendung auf land- und forstwirthschaftliche Arbeiter und ebenfalls nicht auf Seeleute. Endlich unterliegen auch gewerbliche Arbeiter, die in ihren eigenen Wohnungen arbeiten, nicht den Beschränkungen desselben. Die Sonntagsruhezeit dauert mindestens 24 Stunden; für zwei aufeinanderfolgende Sonn- und Festtage 36 und für das Weihnachts-, Oster- und Pfingstfest 48 Stunden. Es wird die Ruhezeit von 12 Uhr Nachts an gerechnet, so daß also die Arbeit an den einzelnen Sonn- und Festtagen nicht vor 12 Uhr Nachts, an zwei aufeinanderfolgenden Sonn- und Festtagen nicht vor 12 Uhr Mittags des zweiten Tages, an den großen Festen nicht vor 12 Uhr Nachts des zweiten Tages wieder aufgenommen werden darf. Von dieser Regel gestattet das Gesetz eine Ausnahme bei Betrieben mit regelmäßiger Tag- und Nachtschicht. Hier kann der Beginn der Ruhezeit zwischen 6 Uhr Abends des voraufgehenden Werktages und 6 Uhr Morgens des Sonn- und Festtages für die einzelnen Arbeiter variiren, so daß eine unbedingte Ruhezeit für sämmtliche Arbeiter nur von 6 Uhr früh bis 6 Uhr Abends des Sonn- und Festtages besteht. Bei zwei aufeinanderfolgenden Sonn- und Festtagen muß die Ruhezeit für alle Arbeiter mindestens bis 6 Uhr Abends des zweiten Tages dauern. Welche Tage als Festtage gelten, bestimmen unter Berücksichtigung der örtlichen und konfessionellen Verhältnisse im Uebrigen die Landesregierungen.

Im Handelsgewerbe darf eine Beschäftigung der Gehülfen, Lehrlinge und Arbeiter an den ersten Tagen der drei hohen Feste überhaupt nicht erfolgen. An den übrigen Sonn- und Festtagen darf in demselben kein Angestellter länger als fünf Stunden beschäfligt werden. Der Begriff „Handelsgewerbe“ umfaßt insbesondere u. a. den Groß- wie den Kleinhandel, einschließlich des Hausierhandels, den Gold- und Kredithandel, die Leihanstalten, die sogenannten Hülfsgewerbe des Handels, Spedition, Kommission und die Handelslager. Auch die in den Comptoiren der Fabriken 2c. beschäftigten Handlungsgehülfen gehören hierher, ebenso der Meß- und Marktverkehr, soweit bei demselben Handelsgewerbe betrieben werden. Durch statutarische Bestimmung einer Gemeinde oder eines weiteren Kommunalverbandes kann diese Beschäftigung für alle oder einzelne Zweige des Handelsgewerbes auf kürzere Zeit eingeschränkt oder ganz untersagt werden. Man nimmt an, daß die Behörden der größeren Städte von dieser Befugniß Gebrauch machen werden, da man volle fünf Stunden nur mit Rücksicht auf die kleineren Städte, die auf den Besuch der Landbevölkerung angewiesen sind, freigelassen hat. Für die letzten vier Wochen vor Weihnachten, sowie für einzelne Sonn- und Festtage, an welchen örtliche Verhältnisse einen erweiterten Geschäftsverkehr erforderlich machen, kann die Polizeibehörde eine Vermehrung der Stunden, während welcher die Beschäftigung stattfinden darf, bis auf 10 Stunden zulassen. Die Stunden, während welcher die Beschäftigung stattfinden darf, werden unter Berücksichtigung der für den öffentlichen Gottesdienst bestimmten Zeit, sofern die Beschäftigungszeit durch statutarische Bestimmungen eingeschränkt worden ist, durch letztere, im Uebrigen von der Polizeibehörde festgestellt werden in der Art, daß die Feststellung für verschiedene Zweige des Handelsgewerbes auch verschieden erfolgen kann.

Die Sonntagsruhe der kaufmännischen Geschäfte besteht aber nicht blos darin, daß Gehülfen nicht beschäftigt werden dürfen; die Geschäfte selbst dürfen nicht offen sein, damit nicht diejenigen Kaufleute, welche ohne Gehülfen fertig werden können, vor den anderen bevorzugt sind. Auch Stadtreisende und Hausierer dürfen während der Ruhezeit ihren Geschäften nicht nachgehen.

Es giebt gewisse Arbeiten, deren Vornahme am Sonntag füglich nicht verboten werden kann und deshalb auch künftig gestattet bleiben soll. Für diese greifen die gesetzlichen Bestimmungen über die Ruhezeit entweder überhaupt nicht oder nur in beschränkter Weise Platz. Hierher gehören Arbeiten, deren unverzügliche Ausführung zur Beseitigung eines Nothstandes oder zur Abwendung einer Gefahr oder im öffentlichen Interesse erforderlich ist; hierher gehören ferner Hülfsarbeiten, wie das Reinigen von Maschinen, das Anheizen von Oefen, wenn ohne die Ausführung dieser Arbeiten am Sonntag der volle werktägige Betrieb nicht aufgenommen werden könnte. Gestattet sind sodann Arbeiten, welche zur Verhütung des Verderbens von Rohstoffen oder des Mißlingens von Arbeitsprodukten erforderlich sind, wenn diese Arbeiten an Werktagen nicht ausführbar sind. Um einem Mißbrauch dieser Ausnahmevorschriften vorzubeugen, sind Kontrolvorschriften getroffen. Die Arbeitgeber müssen bei solchen Arbeiten ein genaues Verzeichniß der dabei beschäftigten Arbeiter unter Angabe der vorgenommenen Arbeiten und ihrer Dauer führen. Außerdem muß den Arbeitern, wenn sie bei solchen Arbeiten länger als 3 Stunden beschäftigt werden, an jedem dritten Sonntage eine Ruhezeit von 36 Stunden oder an jedem zweiten Sonntage eine solche von 6 Uhr Morgens bis 6 Uhr Abends gewährt werden.

Gewisse Gewerbe sind von den Vorschriften des Gesetzes gänzlich befreit; dies sind die Gast- und Schankwirthschaften, die Theater und ähnliche Unternehmungen, sowie das ganze Verkehrswesen, d. h. Eisenbahnen, Pferdebahnen, Fuhrgeschäfte u. s. w.

Es giebt eine ganze Reihe von Gewerben, welche entweder stets oder wenigstens zu gewissen Zeiten ihren Betrieb nicht unterbrechen können, sei es, weil dies technisch unmöglich ist oder die schwersten wirthschaftlichen Schäden im Gefolge haben würde. Zu den Gewerben ersterer Art gehören namentlich gewisse chemische Industrien, zu denen der letzteren Art die sogenannten Saisonbetriebe. Für solche Gewerbe kann der Bundesrath die Vorschriften über die Sonntagsruhe aufheben oder einschränken, nur muß er seine Bestimmungen für jede einzelne Gewerbeart gleichmäßig treffen.

Handelt es sich hier um große Industrien, für welche eine gleichmäßige Regelung über das ganze Reich hin nöthig ist, so giebt es andererseits Geschäfte, welche durch die Verkehrssitte oder die Bedürfnisse des Publikums auf den Sonntagsbetrieb angewiesen sind, ohne daß das Bedürfniß nach Befreiung von den gesetzlichen Vorschriften überall gleichmäßig ist. Deshalb ist den höheren Verwaltungsbehörden das Recht eingeräumt, für Gewerbe, welche täglich oder am Sonntag besonders hervortretende Bedürfnisse des Publikums befriedigen, Ausnahmen einzuführen. Hierher gehören Bäcker, Fleischer, Friseure, Blumen- und Cigarrenhändler, Gas- und Eiswerke 2c.

Ein gleiches Befreiungsrecht ist jenen Behörden bei Betrieben, die auf Benutzung von Wind- und unregelmäßige Wasserkraft angewiesen sind, eingeräumt.

Es kann vorkommen, daß für einen einzelnen Gewerbetreibenden aus irgend einem Grunde die Einhaltung der gesetzlichen Vorschriften den schwersten Schaden zur Folge haben würde. Es können daher, wenn zur Verhütung eines unverhältnißmäßigen Schadens ein nicht vorherzusehendes Bedürfniß der Beschäftigung von Arbeitern an Sonn- und Festtagen eintritt, durch die untere Verwaltungsbehörde von der Befolgung des Gesetzes Befreiungen zugelassen werden.

3. Die Beschäftigung von Kindern und jugendlichen Arbeitern.

Die Arbeit von Kindern und jugendlichen Arbeitern unterliegt in verschiedener Hinsicht Beschränkungen. Bisher waren Kinder unter 12 Jahren von der Arbeit in Fabriken ausgeschlossen. Dieses Beschäftigungsverbot ist nun auf die Kinder unter 13 Jahren ausgedehnt worden und über 13 Jahre alte Kinder dürfen in Fabriken nur beschäftigt werden, wenn sie nicht mehr zum Besuche der Volksschule verpflichtet sind. Die Dauer der Beschäftigungszeit von Kindern unter 14 Jahren ist bei 6 Stunden belassen, wie diejenige für junge Leute zwischen 14 und 16 Jahren bei 10 Stunden. Es dürfen die Arbeitsstunden der jugendlichen Arbeiter nicht vor 5½ Uhr Morgens beginnen und nicht über 8½ Uhr Abends dauern. Die

Pause für jugendliche Arbeiter, welche nur 6 Stunden beschäftigt werden, war nach einer Entscheidung des Reichsgerichts auf Grund der betreffenden bisherigen Bestimmung der Gewerbeordnung auf mindestens zweimal eine halbe Stunde festgesetzt. Nunmehr ist, um jeden Zweifel auszuschließen, ausdrücklich angeordnet, daß diese Pause nur eine halbe Stunde im Mindestmaß betragen soll. Den übrigen jugendlichen Arbeitern muß mindestens Mittags eine einstündige, sowie Vormittags und Nachmittags eine halbstündige Pause gewährt werden. Während der Pausen darf den jugendlichen Arbeitern eine Beschäftigung in dem Fabrikbetriebe überhaupt nicht und der Aufenthalt in den Arbeitsräumen durfte ihnen bisher nur dann gestattet werden, wenn in denselben diejenigen Theile des Betriebes, in welchen jugendliche Arbeiter beschäftigt sind, für die Zeit der Pausen völlig eingestellt waren. Letztere Bestimmung konnte nicht ohne erhebliche Härten in denjenigen Orten durchgeführt werden, wo die Grundstückspreise sehr hoch sind. Auch kann der Aufenthalt im Freien den jugendlichen Arbeitern bei schlechtem Wetter leicht schädlich sein; dieselben können sich während der Pausen im Wirthshause umhertreiben 2c. Es ist deshalb nunmehr der Aufenthalt in den Arbeitsräumen auch während der Pausen dann für statthaft erklärt, wenn der Aufenthalt im Freien nicht thunlich ist und andere geeignete Aufenthaltsräume ohne unverhältnißmäßige Schwierigkeiten nicht beschafft werden können.

An Sonn- und Festtagen, sowie während der von dem ordentlichen Seelsorger für den Katechumenen- und Konfirmanden-, Beicht- und Kommunionunterricht bestimmten Stunden dürfen jugendliche Arbeiter nicht beschäftigt werden.

Die bisherige Bestimmung, daß, wenn jugendliche Arbeiter in Fabriken beschäftigt werden sollen, der Arbeitgeber vor Beginn der Beschäftigung der Ortspolizeibehörde eine schriftliche Anzeige, in welcher die Fabrik, die Wochentage, an welchen die Beschäftigung stattfinden soll, Beginn und Ende der Arbeitszeit und der Pausen, sowie die Art der Beschäftigung anzugeben ist, zu machen hat, hat das Gesetz beibehalten. Eine Aenderung hierin darf, wie bisher, abgesehen von Verschiebungen, welche durch Ersetzung behinderter Arbeiter für einzelne Arbeitsschichten nothwendig werden, nicht erfolgen, bevor der Behörde eine entsprechende Anzeige gemacht ist. Der Arbeitgeber hat dafür zu sorgen, daß in den Fabrikräumen, in welchen jugendliche Arbeiter beschäftigt werden, an einer in die Augen fallenden Stelle ein Verzeichniß der jugendlichen Arbeiter unter Angabe ihrer Arbeitstage, sowie des Beginns und Endes ihrer Arbeitszeit und der Pausen ausgehängt ist. Desgleichen hat er dafür zu sorgen, daß in den bezeichneten Räumen eine Tafel ausgehängt ist, welche in der von der Zentralbehörde zu bestimmenden Fassung und in deutlicher Schrift einen Auszug aus den Bestimmungen über die Beschäftigung jugendlicher Arbeiter enthält.

Für einzelne Betriebe können in Nothstandsfällen und in Berücksichtigung besonderer Betriebsverhältnisse oder besonderer Interessen der Arbeiter nach § 139 Ausnahmen durch schriftliche Verfügungen gestattet werden. Zum Erlaß derselben sind zuständig in Nothstandsfällen die höhere Verwaltungsbehörde auf die Dauer von 4 Wochen, auf längere Zeit der Reichskanzler, in dringenden Fällen solcher Art und zur Verhütung von Unglücksfällen die untere Verwaltungsbehörde, jedoch höchstens auf die Dauer von 14 Tagen. Wenn die Natur des Betriebes oder Rücksichten auf die Arbeiter in einzelnen Fabriken es erwünscht erscheinen lassen, daß die Arbeitszeit der jugendlichen Arbeiter in einer anderen als der im Allgemeinen gesetzlich vorgeschriebenen Weise geregelt wird, so kann auf besonderen Antrag eine anderweite Regelung hinsichtlich der Pausen durch die höhere Verwaltungsbehörde, im Uebrigen durch den Reichskanzler gestattet werden. Jedoch dürfen alsdann die jugendlichen Arbeiter nicht länger als 6 Stunden beschäftigt werden, wenn zwischen den Arbeitsstunden nicht Pausen von zusammen mindestens einstündiger Dauer gewährt werden.

Der Bundesrath kann ferner nach § 139a die Verwendung von jugendlichen Arbeitern für gewisse Fabrikationszweige, welche mit besonderen Gefahren für Gesundheit oder Sittlichkeit verbunden sind, gänzlich untersagen oder von besonderen Bedingungen abhängig machen. Er kann für Fabriken, welche mit ununterbrochenem Feuer betrieben werden, oder welche sonst durch die Art des Betriebes auf eine regelmäßige Tag- und Nachtarbeit angewiesen sind, sowie für solche Fabriken, deren Betrieb eine Eintheilung in regelmäßige Arbeitsschichten von gleicher Dauer nicht gestattet oder seiner Natur nach auf bestimmte Jahreszeiten beschränkt ist, Ausnahmen von den Bestimmungen, daß die Beschäftigung von Kindern unter 14 Jahren die Dauer von 6 Stunden täglich nicht überschreiten darf, daß junge Leute zwischen 14 und 16 Jahren in Fabriken nicht länger als 10 Stunden täglich beschäftigt werden dürfen, sowie daß die Arbeitsstunden der jugendlichen Arbeiter nicht vor $5\frac{1}{2}$ Uhr Morgens beginnen und nicht über $8\frac{1}{2}$ Uhr Abends dauern dürfen und den für die jugendlichen Arbeiter normirten Arbeitspausen getroffenen Vorschriften nachlassen. Es darf jedoch alsdann die Dauer der wöchentlichen Arbeitszeit für Kinder 36 Stunden, für jugendliche Leute 60, in Ziegeleien 70 Stunden nicht überschreiten. Die Nachtarbeit darf in 24 Stunden die Dauer von 10 Stunden nicht überschreiten und muß in jeder Schicht durch eine oder mehrere Pausen in der Gesammtdauer von mindestens 1 Stunde unterbrochen sein. Die Tagschichten und Nachtschichten müssen wöchentlich wechseln. Auch ist der Bundesrath ermächtigt, für gewisse Fabrikationszweige, soweit die Natur des Betriebes oder die Rücksicht auf die jugendlichen Arbeiter es erwünscht erscheinen lassen, die Abkürzung oder den Wegfall der für jugendliche Arbeiter vorgeschriebenen Pausen zu gestatten. Es dürfen jedoch alsdann die Arbeiter nicht länger als 6 Stunden beschäftigt werden, wenn zwischen den Arbeitsstunden nicht eine oder mehrere Pausen von zusammen mindestens einstündiger Dauer gewährt werden. Die vom Bundesrath zu treffenden im Reichsgesetzblatt zu veröffentlichenden Bestimmungen sind zeitlich zu begrenzen und können auch für bestimmte Bezirke erlassen werden.

Vorstehende Bestimmungen über die Arbeit von Kindern und jugendlichen Personen finden nicht allein auf ihre Beschäftigung in Fabriken, sondern auch auf solche in Bergwerken, Salinen, Aufbereitungsanstalten und unterirdisch betriebenen Brüchen oder Gruben, sowie in Hüttenwerken, auf Zimmerplätzen und anderen Bauhöfen, in Werften sowie in solchen Ziegeleien, über Tage betriebenen Brüchen und Gruben, welche nicht blos als vorübergehend oder in geringem Umfange betrieben werden, entsprechende Anwendung. Darüber, ob die Anlage vorübergehend oder in geringem Umfange betrieben wird, entscheidet die höhere Verwaltungsbehörde endgültig. Ferner sind sie ausgedehnt auf die Beschäftigung von Kindern und jugendlichen Personen in allen Werkstätten, in welchen durch elementare Kraft (Dampf, Wasser, Gas, Luft, Elektrizität 2c.) bewegte Triebwerke nicht blos vorübergehend zur Verwendung kommen, unter Ausschließung solcher Werkstätten, in denen nur Mitglieder der Familie des Arbeitgebers beschäftigt werden. Wenn die Nothwendigkeit anerkannt werden muß, die Arbeiterschutzgesetzgebung nach und nach auf die verschiedenen Zweige der Hausindustrie auszudehnen, so muß dies in erster Reihe für diejenigen Werkstätten geschehen, welche eine elementare Triebkraft verwenden, sich dadurch dem Fabrikbetriebe nähern und auch bereits der Unfallversicherungspflicht unterliegen. Die Mißstände einer übermäßigen Beschäftigung jugendlicher Arbeiter sind gerade bei solchen Betrieben hervorgetreten. Da für gewisse Arten von Werkstattsbetrieben die Innehaltung aller Vorschriften der §§ 135 bis 137 schwierig und unthunlich sein kann, so ist dem Bundesrath eine ähnliche Dispensationsbefugniß gegeben, welche nach § 139a Abs. 1 Ziffer 3 für gewisse Betriebe der Großindustrie vorsieht. Er ist nämlich befugt, für gewisse Arten von derartigen Betrieben die Beschränkungen der Dauer der Beschäftigungszeit von Kindern unter 14 Jahren und von jungen Leuten zwischen 14 und 16 Jahren, sowie deren polizeiliche Anmeldung vor dem Arbeitsantritt und Anheftung eines Verzeichnisses derselben in den Arbeitsräumen nachzulassen, ferner die Abkürzung oder den Wegfall der für jugendliche Arbeiter vorgeschriebenen Pausen zu gestatten. Daß die wünschenswerthe Einführung von Kleinmotoren in das Handwerk und die Hausindustrie durch diese Unterstellung unter die Fabrikgesetzgebung gehemmt werden sollte, ist nicht zu befürchten, und zwar um so weniger, je früher und rascher die Ausdehnung dieser Gesetzgebung auf die übrigen Zweige der Hausindustrie in Aussicht genommen wird.

Von großer Wichtigkeit ist die Bestimmung, daß durch Kaiserliche Verordnung mit Zustimmung des Bundesraths die Fabrikgesetzgebung auf andere Werkstätten, in welchen auch andere als zur Familie des Arbeitgebers gehörige Personen beschäftigt werden, ausgedehnt werden kann. Die Nothwendigkeit dieser Ausdehnung liegt namentlich bei denjenigen Zweigen der Hausindustrie vor, welche mit dem Fabrikbetriebe konkurriren, da in ihnen die Beschäftigung von Kindern am weitesten verbreitet und die Gefahr einer übermäßigen Anstrengung der Kinder am größten ist, diese Gefahr aber noch erheblich erhöht werden würde, wenn die im Gesetz vorgesehene Beschränkung der Kinderarbeit ins Leben tritt, ohne daß gleichzeitig die Kinderarbeit in der Hausindustrie einer Regelung unterzogen wird. Diese Regelung unmittelbar in dem vorliegenden Gesetze zu treffen, war nicht möglich. Es empfahl sich vielmehr, für sie den Weg der Kaiserlichen Verordnung mit Zustimmung des Bundesraths zu wählen, zumal vorauszusehen ist, daß eine befriedigende Regelung auf diesem Gebiete nur durch ein allmäliges Fortschreiten von milderen zu strengeren Bestimmungen zu erreichen sein wird, hierfür aber der Weg der Verordnung geeigneter erscheint, als derjenige der Gesetzgebung.

Die Kaiserlichen Verordnungen, sowie die Ausnahmebestimmungen des Bundesraths, welche durch das Reichsgesetzblatt zu veröffentlichen sind, können auch für bestimmte Bezirke erlassen werden.

4. Die Beschäftigung von Arbeiterinnen.

Für die Arbeiterinnen enthielt bisher die Gewerbeordnung nur die Vorschrift (§ 135 Abs. 5), daß Wöchnerinnen während 3 Wochen nach ihrer Niederkunft nicht beschäftigt werden dürfen, die Ermächtigung des Bundesraths (§ 139a Absatz 1), für gewisse mit besonderen Gefahren für Gesundheit oder Sittlichkeit verbundene Fabrikationszweige die Verwendung von Arbeiterinnen gänzlich oder während der Nachtzeit zu untersagen oder von besonderen Bedingungen abhängig zu machen und die Vorschrift (§ 154 Absatz 4), daß Arbeiterinnen in Bergwerken, Brüchen und Gruben nicht unter Tage beschäftigt werden dürfen. Nunmehr dürfen die Arbeiterinnen in Fabriken überhaupt in der Regel nicht in der Nachtzeit von 8½ Uhr Abends bis 5½ Uhr Morgens und am Sonnabend sowie an Vorabenden der Festtage nicht nach 5½ Uhr Nachmittags beschäftigt werden. Die Beschäftigung von Arbeiterinnen über 16 Jahre darf die Dauer von 11 Stunden täglich, an den Vorabenden der Sonn- und Festtage von 10 Stunden nicht übersteigen; außerdem muß zwischen den Arbeitsstunden der Arbeiterinnen eine mindestens einstündige Mittagspause gewährt werden. Diese Festsetzung eines Maximalarbeitstages für alle Arbeiterinnen über 16 Jahre ist die wichtigste Bestimmung, welche das Gesetz zum Schutze der Arbeiterinnen trifft. Sie entspricht ebenso wie das Verbot der weiblichen Nachtarbeit und die Einführung der Mittagspause im Wesentlichen den Forderungen der internationalen Arbeiterschutzkonferenz. Auf der Gesundheit des weiblichen Geschlechts ruht mehr noch, wie auf der des männlichen die Zukunft der Nation. Die Einschränkung der täglichen Arbeitszeit der Arbeiterinnen auf 11 Stunden ist aber nicht nur in gesundheitlichem Interesse geboten, sondern auch zur Förderung des Familienlebens. Soll die Frau oder Tochter dem Hauswesen nicht völlig entfremdet werden, so darf sie keineswegs länger als 11 Stunden, ausschließlich der Gänge und Pausen, in der Fabrik festgehalten werden. Außerdem sind Arbeiterinnen über 16 Jahre, welche ein Hauswesen zu besorgen haben, auf ihren Antrag eine halbe Stunde vor der Mittagspause zu entlassen, sofern diese nicht mindestens 1½ Stunde beträgt. Während bisher Wöchnerinnen 3 Wochen nach ihrer Niederkunft nicht beschäftigt werden durften, ist nun ihre Beschäftigung während 4 Wochen nach der Niederkunft überhaupt untersagt und während der folgenden zwei Wochen dürfen sie nur beschäftigt werden, wenn das Zeugniß eines approbirten Arztes dies für zulässig erklärt.

Gleichwie für die jugendlichen Arbeiter schreibt das Gesetz auch bezüglich der Arbeiterinnen, welche in Fabriken beschäftigt werden sollen, vor dem Beginn der Beschäftigung eine schriftliche Anzeige an die Ortspolizeibehörde vor. Ebenfalls hat der Arbeitgeber auch dafür zu sorgen, daß in den betreffenden Fabrikräumen eine Tafel ausgehängt ist, welche in der von der Zentralbehörde zu bestimmenden Fassung und in deutlicher Schrift einen Auszug aus den Bestimmungen über die Beschäftigung von Arbeiterinnen enthält.

Bei dem Maße dieses gesetzlichen Schutzes, wie es in dem Gesetze innegehalten wird, kann auch die Befürchtung nicht für begründet erachtet werden, daß dadurch und namentlich durch die Begrenzung der täglichen Arbeitszeit der Erwerbsthätigkeit der Arbeiterinnen und der Konkurrenzfähigkeit der betheiligten Industriezweige gefährlich werden könne. Für die Mehrzahl der gewerblichen Arbeiterinnen bedeutet diese Einschränkung keine wesentliche Verminderung der bisherigen regelmäßigen Arbeitszeit. Das Beispiel Englands, welches eine 10stündige Arbeitszeit für Frauen hat, und das Beispiel Oesterreichs und der Schweiz, welche auch für die männlichen Arbeiter den 11stündigen Maximalarbeitstag haben, lehren, daß die Möglichkeit des Wettbewerbs auf dem Weltmarkte durch solche Maßnahmen, wenn sie in den richtigen Grenzen bleiben, nicht beeinträchtigt wird. Um indessen den wechselnden Bedürfnissen der Industrie thunlichst Rechnung zu tragen, sollen nach dem Gesetze für Zeiten außergewöhnlicher Nachfrage Ausnahmen zugelassen werden. Der § 138a ermächtigt daher die unteren Verwaltungsbehörden, wegen ungewöhnlicher Häufung der Arbeit die Ausdehnung der täglichen Arbeitszeit der Arbeiterinnen über 16 Jahre bis 10 Uhr Abends an den Wochentagen außer Sonnabend unter der Voraussetzung zu gestatten, daß die tägliche Arbeitszeit 13 Stunden nicht überschreitet. Innerhalb eines Kalenderjahres soll diese Erlaubniß einem Arbeitgeber nicht für mehr als 40 Tage, d. h. für 8 Wochen, da die Sonnabende wegfallen, ertheilt werden. Für eine 2 Wochen überschreitende Dauer kann die Erlaubniß nur von der höheren Verwaltungsbehörde, und auch von dieser für mehr als 40 Tage im Jahre nur dann ertheilt werden, wenn die Arbeitszeit für den Betrieb oder die betreffende Abtheilung des Betriebes so geregelt wird, daß ihre tägliche Dauer im Durchschnitt der Betriebstage des Jahres die regelmäßige gesetzliche Arbeitszeit nicht überschreitet. Die Vorschriften über das einzuschlagende Verfahren sind im § 138a Abs. 3 und 4 enthalten. Auch kann die untere Verwaltungsbehörde die Beschäftigung von Arbeiterinnen über 16 Jahre, welche kein Hauswesen zu besorgen haben und eine Fortbildungsschule nicht besuchen, bei den im § 105c Absatz 1 unter Ziffer 2 und 3 bezeichneten Arbeiten an Sonnabenden und Vorabenden von Festtagen Nachmittags nach 5½ Uhr, jedoch nicht über 8½ Uhr Abends hinaus, gestatten. Sowohl im Allgemeinen für die sogenannten Saisonindustrien, wie für die unregelmäßige Nachfrage, welche bei sonstigen Industriezweigen zu Zeiten eintritt, wird die oben erwähnte Ausnahmebestimmung voraussichtlich genügen, während sie naturgemäß in Zeiten der Geschäftsstockung keine Anwendung finden wird. Eine heilsame Wirkung wird die Beschränkung der weiblichen Arbeitszeit dadurch äußern, daß sie dem Bestreben, durch Massenerzeugung die Produktionskosten zu mindern und der damit zusammenhängenden Schleuderkonkurrenz einen Damm entgegensetzt. Auch in Zeiten großen plötzlichen Aufschwunges wird der weibliche Maximalarbeitstag als heilsamer Hemmschuh dienen, der einer Ueberproduktion vorbeugt und dadurch eine längere Dauer der günstigen Konjunktur herbeiführt. Er wirkt somit ausgleichend und vermindert die extremen Unterschiede zwischen den Zeiten des wirthschaftlichen Aufschwungs und Niedergangs.

Für einzelne Betriebe können in Nothstandsfällen nach § 139 Ausnahmen von den Beschränkungen der Beschäftigungszeit der Arbeiterinnen und zwar von der höheren Verwaltungsbehörde auf die Dauer von 4 Wochen und auf längere Zeit vom Reichskanzler gestattet werden. In dringenden Fällen bei Naturereignissen oder Unglücksfällen, sowie zur Verhütung von Unglücksfällen ist hierzu, jedoch höchstens auf die Dauer von 14 Tagen die untere Verwaltungsbehörde befugt. Ebenso kann eine anderweite Regelung der Mittagspause für die Arbeiterinnen von der höheren Verwaltungsbehörde gestattet werden, wenn die Natur des Betriebes oder Rücksichten auf die Arbeiterinnen in einzelnen Fabriken dies erwünscht erscheinen lassen. Der Bundesrath ist nach § 139a ermächtigt, sowohl die Verwendung von Arbeiterinnen für gewisse Fabrikationszweige, welche mit besonderen Gefahren für Gesundheit oder Sittlichkeit verbunden sind, gänzlich zu untersagen oder von besonderen Bedingungen abhängig zu machen, als auch generelle Ausnahmen von den Beschränkungen, daß Arbeiterinnen in Fabriken nicht in der Nachtzeit von 8½ Uhr Abends bis 5½ Uhr Morgens und am Sonnabend, sowie an Vorabenden der Festtage nicht nach 5½ Uhr Nachmittags beschäftigt werden dürfen, daß die Beschäftigung von Arbeiterinnen über 16 Jahre die Dauer von 11 Stunden täglich, an den Vorabenden der Sonn- und Festtage von 10 Stunden, nicht überschreiten darf, daß zwischen den Arbeitsstunden den Arbeiterinnen eine mindestens einstündige Mittagspause gewährt werden muß, zu gestatten für Fabriken, welche mit ununterbrochenem Feuer betrieben werden, oder welche sonst durch die Art des Betriebes auf eine regelmäßige Tag- und Nachtarbeit angewiesen sind, sowie für solche Fabriken, deren Betrieb eine Eintheilung in regelmäßige Arbeitsschichten von gleicher Dauer nicht gestattet, oder seiner Natur nach auf bestimmte Jahreszeiten beschränkt ist. Es darf hierbei jedoch die Dauer der wöchentlichen Arbeitszeit für Arbeiterinnen 65, in Ziegeleien 70 Stunden nicht überschreiten. Auch darf die Nachtarbeit in 24 Stunden die Dauer von 10 Stunden nicht überschreiten und muß in jeder Schicht durch eine oder mehrere Pausen in der Gesammtdauer von mindestens 1 Stunde unterbrochen sein. Die Tagschichten und Nachtschichten müssen wöchentlich wechseln. Ferner kann der Bundesrath auch für Fabrikationszweige, in denen regelmäßig zu gewissen Zeiten des Jahres ein vermehrtes Arbeitsbedürfniß eintritt, generelle Ausnahmen von der Arbeitsdauer für Arbeiterinnen gestatten. Es darf jedoch die Erlaubniß zur Ueberarbeit für mehr als 40 Tage im Jahre nur dann ertheilt werden, wenn die Arbeitszeit so geregelt wird, daß ihre tägliche Dauer im Durchschnitt der Betriebstage des Jahres die regelmäßige gesetzliche Arbeitszeit nicht überschreitet. Die vom Bundesrath zu treffenden im Reichsgesetzblatt zu veröffentlichenden Bestimmungen sind zeitlich zu begrenzen und können auch für bestimmte Bezirke erlassen werden.

Die Fabrikgesetzgebung ist bezüglich der Arbeiterinnen in gleicher Weise wie bei den jugendlichen Personen (siehe oben Seite 24) ausgedehnt worden, mit der Maßgabe, daß sie in Bergwerken, Salinen, Aufbereitungsanstalten und unterirdisch betriebenen Brüchen oder Gruben überhaupt nicht unter Tage beschäftigt werden dürfen. Im Falle der Bundesrath die Ausdehnung der Fabrikgesetzgebung bezüglich ihrer auf Werkstätten, in denen durch elementare Kraft bewegte Triebwerke nicht blos vorübergehend zur Verwendung kommen, beschließt, ist er ermächtigt, die Abkürzung oder Wegfall der für sie vorgeschriebenen Arbeitspausen zu gestatten, die Beschränkung ihrer Beschäftigungszeit, abgesehen von den zum Schutze der Wöchnerinnen vorgesehenen Bestimmungen, und die Befolgung der Vorschriften über polizeiliche Anmeldung vor Beginn der Beschäftigung, sowie der über Aushang in den Arbeitsräumen des Auszuges aus den Bestimmungen über ihre Beschäftigung nachzulassen.

5. Schutz der Arbeiter gegen Gefahren für Leben, Gesundheit und Sittlichkeit.

Bisher war der Gewerbeunternehmer verpflichtet, alle diejenigen Einrichtungen herzustellen und zu unterhalten, welche mit Rücksicht auf die besondere Beschaffenheit des Gewerbebetriebes und der Betriebsstätte zu thunlichster Sicherheit gegen Gefahr für Leben und Gesundheit zulässig sind. Der Bundesrath und eventuell die Landeszentralbehörde erließ die Vorschriften darüber.

Diese allgemeinen Vorschriften sind nunmehr durch nachfolgende spezialisirte ersetzt: Die Gewerbeunternehmer sind verpflichtet, die Arbeitsräume, Betriebsvorrichtungen, Maschinen und Geräthschaften so einzurichten und zu unterhalten und den Betrieb zu regeln, daß die Arbeiter gegen Gefahren für Leben und Gesundheit soweit geschützt sind, wie es die Natur des Betriebes gestattet. Insbesondere ist für genügendes Licht, ausreichenden Luftraum und Luftwechsel, Beseitigung des bei dem Betriebe entstehenden Staubes, der dabei entwickelten Dünste und Gase, sowie der dabei entstehenden Abfälle Sorge zu tragen. Ebenso sind diejenigen Vorrichtungen herzustellen, welche zum Schutze der Arbeiter gegen gefährliche Berührungen mit Maschinen oder Maschinentheilen oder gegen andere in der Natur der Betriebsstätte oder des Betriebes liegende Gefahren, namentlich auch gegen Gefahren, welche aus Fabriksbränden erwachsen können, erforderlich sind. Endlich sind diejenigen Vorschriften über die Ordnung des Betriebes und das Verhalten der Arbeiter zu erlassen, welche zur Sicherung eines gefahrlosen Betriebes erforderlich sind.

Es muß, soweit es die Natur des Betriebes zuläßt, bei der Arbeit die Trennung der Geschlechter durchgeführt werden. In Anlagen, deren Betrieb es mit sich bringt, daß die Arbeiter sich umkleiden und nach der Arbeit sich reinigen, müssen ausreichende, nach Geschlechtern getrennte Ankleide- und Waschräume vorhanden sein. Die Bedürfnißanstalten müssen so eingerichtet sein, daß sie für die Zahl der Arbeiter ausreichen, daß den Anforderungen der Gesundheitspflege entsprochen wird und daß ihre Benutzung ohne Verletzung von Sitte und Anstand erfolgen kann.

Die Gewerbeunternehmer, welche Arbeiter unter 18 Jahren beschäftigen, sind verpflichtet, bei der Einrichtung der Betriebsstätte und bei der Regelung des Betriebes diejenigen besonderen Rücksichten auf Gesundheit und Sittlichkeit zu nehmen, welche durch das Alter dieser Arbeiter geboten sind.

Die zuständigen Polizeibehörden sind befugt, im Wege der Verfügung für einzelne Anlagen die Ausführung derjenigen Maßnahmen anzuordnen, welche zur Durchführung der oben erwähnten Grundsätze erforderlich und nach Beschaffenheit der Anlage ausführbar erscheinen. Sie können anordnen, daß den Arbeitern zur Einnahme der Mahlzeiten außerhalb der Arbeitsräume angemessene, in den kalten Jahreszeiten geheizte Räume unentgeltlich zur Verfügung gestellt werden. Dabei soll den Gewerbetreibenden eine angemessene, d. h. dem Umfange der gestellten Anforderungen und den Verhältnissen des Betriebes Rechnung tragende Frist, insoweit es sich nicht um die Beseitigung einer dringenden, das Leben oder die Gesundheit bedrohenden Gefahr handelt, gelassen und auch die Schwierigkeiten, mit denen die Ausführung der den nunmehrigen Forderungen entsprechenden Einrichtungen in bereits bestehenden Anlagen häufig verbunden ist, insoweit berücksichtigt werden, als es sich nicht um die Beseitigung erheblicher, das Leben, die Gesundheit oder die Sittlichkeit der Arbeiter gefährdender

Mißstände handelt. Gegen die Verfügungen der Polizeibehörden soll den Gewerbeunternehmern die Beschwerde an die höhere Verwaltungsbehörde zustehen. Dagegen soll durch Abänderung der Strafbestimmung der Ziffer 4 des § 147, daß die Zuwiderhandlung gegen die endgültig erlassene Verfügung (oder gegen die auf Grund des § 120e erlassenen Vorschriften) strafbar ist, außer Zweifel gestellt werden, daß dem Richter ein Urtheil darüber, ob die in der Verfügung gestellte Anforderung auf Grund der §§ 120a bis 120c gestellt werden konnte, nicht zusteht.

Durch Beschluß des Bundesrathes können Vorschriften darüber erlassen werden, welchen Anforderungen in bestimmten Anlagen zur Durchführung der oben angegebenen Grundsätze zu genügen ist. Soweit solche Vorschriften durch Beschluß des Bundesrathes nicht erlassen sind, können dieselben durch Anordnung der Landeszentralbehörden oder durch Polizeiverordnungen der zum Erlasse solcher berechtigten Behörden unter Beachtung des § 81 des Unfall-Versicherungsgesetzes vom 6. Juli 1884 (wonach diese Vorschriften den betheiligten Berufsgenossenschaftsvorständen oder Sektionsvorständen zur Begutachtung vorher mitzutheilen sind) erlassen werden. In einzelnen Gewerbszweigen, deren Betrieb an und für sich nicht mit besonderen Gefahren verbunden ist, ist hie und da eine so übermäßige tägliche Arbeitszeit üblich, daß die Beschäftigung in diesen Gewerbszweigen um dieser übermäßigen Anstrengung willen als schlecht und gesundheitsschädlich angesehen werden muß. Um den hieraus erwachsenden Mißständen entgegentreten zu können, hat das Gesetz dem Bundesrath die Ermächtigung ertheilt, für einzelne Gewerbe die Dauer der zulässigen täglichen Arbeitszeit und die zu gewährenden Pausen vorzuschreiben. Diese Ermächtigung ist lediglich dem Bundesrathe ertheilt worden, weil es bedenklich erschien, eine so tief einschneidende Maßregel in die Hände anderer Behörden zu legen. Die durch Beschluß des Bundesraths erlassenen Vorschriften bilden Ergänzungen des Reichsgewerberechts, sie sollen daher durch das Reichsgesetzblatt veröffentlicht werden.

6. Arbeiterordnungen.

Die Arbeits- oder Fabrikordnung, deren Erlaß für die größeren gewerblichen Anlagen, namentlich für die gut geleiteten unter ihnen, bis dahin schon als Regel angesehen werden kann, verfolgt einen doppelten Zweck. Sie stellt ein- für allemal diejenigen Bedingungen auf, welche der Arbeitgeber den bei ihm Beschäftigung suchenden Personen anbietet, und denen sich daher jeder Arbeiter, der in die Beschäftigung eintreten will, unterwerfen muß. Sie erleichtert damit den Abschluß des Arbeitsvertrages mit jedem einzelnen Arbeiter. Daneben enthält sie die Vorschriften, die zur Aufrechterhaltung der technischen und wirthschaftlichen Ordnung des Betriebes dienen sollen, und sichert ihre Befolgung durch Strafbestimmungen, denen sich der Arbeiter durch Eingehung des Arbeiterverhältnisses unterwirft. Die gesetzliche Regelung des Erlasses der Arbeitsordnung findet ihre Rechtfertigung in der Erwägung, daß eine bestimmte und klare Kundgebung der Bedingungen des Arbeitervertrages, aus der jeder Arbeiter sich über seine Rechte und Pflichten zu jeder Zeit unterrichten kann, die zahlreichen Streitigkeiten, die erfahrungsmäßig aus der Unvollständigkeit und Unklarheit der Arbeitsverträge entstehen, abschneidet und somit zur Erhaltung eines friedlichen Verhältnisses zwischen Arbeitgeber und Arbeitnehmer beizutragen geeignet ist. Dieser Erwägung entspricht es, daß die Arbeitsordnung zu einer allgemeinen, für alle bedeutenderen Fabriken gesetzlich vorgeschriebenen Einrichtung gemacht, daß die Form ihres Erlasses, ihr nothwendiger Inhalt und ihre rechtliche Bedeutung für die Betheiligten geregelt werden und die Befolgung der darüber erlassenen Vorschriften durch staatliche Aufsicht gesichert wird.

Das Gesetz begründet für jeden Fabrikbesitzer, welcher in der Regel mindestens 20 Arbeiter beschäftigt, innerhalb

4 Wochen nach dessen Inkrafttreten oder nach Eröffnung des Betriebes eine Arbeitsordnung zu erlassen. Der Erlaß erfolgt durch Aushang. Die Arbeitsordnung muß den Zeitpunkt, mit welchem sie in Wirksamkeit treten soll, angeben und von demjenigen, welcher sie erläßt, unter Angabe des Datums unterzeichnet sein. Die einmal erlassene Arbeitsordnung soll, um alle Unklarheiten und Unsicherheiten, die durch einzelne Abänderungen oder Ergänzungen entstehen können, auszuschließen, solange unverändert in Kraft bleiben, bis sie durch eine neue ersetzt oder durch einen Nachtrag abgeändert wird. Da jede Abänderung der Arbeitsordnung eine Abänderung der Bedingungen des Arbeitsvertrages bedeutet, so sollen neue Arbeitsordnungen oder Nachträge frühestens nach Ablauf von 2 Wochen, also der gesetzlichen Kündigungsfrist, in Kraft treten, so daß jeder Arbeiter, der sich den veränderten Bedingungen nicht unterwerfen will, die Möglichkeit hat, den Arbeitsvertrag mit dem Zeitpunkte, an welchem die veränderten Bedingungen eintreten würden, aufzulösen.

Der § 134b schreibt zunächst vor, daß die Arbeitsordnung die wesentlichen Bedingungen des Arbeitsvertrages, soweit sie für alle Arbeiter oder für ganze Klassen derselben gleich festgestellt werden können, also Arbeitszeit, Abrechnung über den Lohn und seine Auszahlung, sowie die Voraussetzungen der Auflösung des Arbeitsvertrages enthalten muß. Ueber die sachliche Gestaltung dieser Bedingungen werden keine Vorschriften vom Gesetz gegeben, sie bleibt dem Ermessen des Arbeitgebers überlassen. Abweichend hiervon wird hinsichtlich der Strafen nicht blos gefordert, daß über ihre Art und Höhe und über die Art ihrer Feststellung und wenn sie in Geld bestehen, ihrer Einziehung — also namentlich auch darüber, ob sie durch Abzug vom Lohn oder auf andere Weise eingezogen werden sollen — in der Arbeitsordnung Bestimmung getroffen werden muß, sondern es werden auch materielle Vorschriften hinzugefügt, wonach Strafbestimmungen, welche das Ehrgefühl oder die guten Sitten verletzen, nicht aufgenommen werden dürfen. Geldstrafen dürfen die Hälfte des durchschnittlichen Tagesarbeitsverdienstes nicht übersteigen, jedoch können Thätlichkeiten gegen Mitarbeiter, erhebliche Verstöße gegen die guten Sitten, sowie gegen die zur Aufrechthaltung der Ordnung des Betriebes, zur Sicherung eines gefahrlosen Betriebes oder zur Durchführung der Bestimmungen der Gewerbeordnung erlassenen Vorschriften mit Geldstrafen bis zum vollen Betrage des durchschnittlichen Tagesarbeitsverdienstes belegt werden. Alle Strafgelder müssen zum Besten der Arbeiter der Fabrik verwendet werden. Das Recht des Arbeitgebers, Schadensersatz zu fordern, wird durch diese Bestimmung nicht berührt. Neben den Bestimmungen, die den nothwendigen Inhalt der Arbeitsordnung bilden, können in diese auch alle weitere Bestimmungen aufgenommen werden, die der Arbeitgeber zur Aufrechterhaltung der Ordnung des Betriebes für nothwendig hält. Dagegen können nur mit Zustimmung eines ständigen Arbeiterausschusses in die Arbeitsordnung Vorschriften über das Verhalten der Arbeiter bei Benutzung der zu ihrem Besten getroffenen, mit der Fabrik verbundenen Einrichtungen, sowie Vorschriften über das Verhalten der minderjährigen Arbeiter außerhalb des Betriebes aufgenommen werden.

Es ist der Inhalt der Arbeitsordnung, insoweit er den Gesetzen nicht zuwiderläuft, für Arbeitgeber und Arbeiter rechtsverbindlich. Entlassung und Austritt aus der Arbeit dürfen aus anderen als in der Arbeitsordnung bezeichneten oder den gesetzlichen Gründen nicht erfolgen. Andere als die in der Arbeitsordnung vorgesehenen Strafen dürfen über den Arbeiter nicht verhängt werden.

Der einzelne Arbeiter, welcher Beschäftigung sucht, hat in der Regel keine Wahl, ob er sich den in der Arbeitsordnung vom Arbeitsgeber festgestellten Bedingungen unterwerfen will oder nicht. Es ist ihm also beim Vertragsabschluß jede Einwirkung auf die einzelnen Bedingungen entzogen. Unter diesen Umständen erscheint es billig, daß das Gesetz vorschreibt, daß vor dem Erlaß einer Arbeitsordnung oder eines Nachtrags den zur Zeit in der Fabrik oder in den betreffenden Abtheilungen des Betriebes beschäftigten großjährigen Arbeitern Gelegenheit gegeben werden muß, sich über den Inhalt derselben zu äußern. Für Fabriken, für welche ein ständiger Arbeiterausschuß besteht, wird dieser Vorschrift durch Anhörung des Ausschusses über den Inhalt der Arbeitsordnung genügt. Bezüglich der Voraussetzungen der ständigen Arbeiterausschüsse siehe § 134 h.

Die Gültigkeit der Arbeitsordnung ist nicht von der Genehmigung einer Behörde abhängig. Durch die Vorschrift des Gesetzes, daß die Arbeitsordnung, sowie jeder Nachtrag zu derselben unter Mittheilung der seitens der Arbeiter geäußerten Bedenken, soweit die Aeußerungen schriftlich oder zu Protokoll erfolgt sind, binnen 3 Tagen nach dem Erlaß in zwei Ausfertigungen unter Beifügung der Erklärung, daß und in welcher Weise den Arbeitern Gelegenheit zur Aeußerung gegeben ist, der unteren Verwaltungsbehörde einzureichen ist, soll dieser nur die Möglichkeit gegeben werden, zu prüfen, ob die Arbeitsordnung vorschriftsmäßig erlassen, ob sie vollständig ist und ob sie keine Bestimmungen enthält, die mit den gesetzlichen Vorschriften im Widerspruch stehen. Wie die Geltung der Arbeitsordnung nicht von der Vornahme der Prüfung durch die Behörde abhängig gemacht ist, so ist diese Prüfung auch nicht an eine bestimmte Frist gebunden. Die Behörde kann vielmehr jederzeit, wenn sie einen Mangel der Arbeitsordnung entdeckt, die Beseitigung derselben anordnen.

Die Arbeitsordnung ist jedem Arbeiter bei seinem Eintritt in die Beschäftigung zu behändigen und außerdem an geeigneter, allen betheiligten Arbeitern zugänglicher Stelle auszuhängen.

Vorstehende Vorschriften über Arbeitsordnungen sind nicht auf eigentliche Fabriken beschränkt, sie finden vielmehr auch entsprechende Anwendung auf Arbeitgeber und Arbeiter in Hüttenwerken, auf Zimmerplätzen und anderen Bauhöfen, auf Werften, sowie in solchen Ziegeleien, über Tage betriebenen Brüchen und Gruben, welche nicht blos vorübergehend oder in geringem Umfange betrieben werden. Darüber ob die Anlage vorübergehend oder in geringem Umfang betrieben wird, entscheidet die höhere Verwaltungsbehörde endgültig.

III. Reichsgesetz, betreffend Abänderung der Gewerbeordnung.

Vom 1. Juni 1891. (Reichsgesetzblatt Nr 18 Seite 261 ff. Ausgegeben zu Berlin den 9. Juni 1891.)*)

Wir Wilhelm, von Gottes Gnaden Deutscher Kaiser, König von Preußen ꝛc.

verordnen im Namen des Reichs, nach erfolgter Zustimmung des Bundesraths und des Reichstags, was folgt:

Artikel 1.

Hinter § 41 der Gewerbeordnung wird eingeschaltet:

§ 41a[1])[2]). Soweit nach den Bestimmungen der §§ 105b bis 105h Gehülfen, Lehrlinge und Arbeiter im Handelsgewerbe an Sonn- und Festtagen nicht beschäftigt werden dürfen, darf in offenen Verkaufsstellen ein Gewerbebetrieb an diesen Tagen nicht stattfinden.

Weitergehenden landesgesetzlichen Beschränkungen des Gewerbebetriebes an Sonn- und Festtagen steht diese Bestimmung nicht entgegen.

1) Der § 41 der Gewerbeordnung lautet: Die Befugniß zum selbstständigen Betriebe eines stehenden Gewerbes begreift das Recht in sich, in beliebiger Zahl Gesellen, Gehülfen, Arbeiter jeder Art und, soweit die Vorschriften des gegenwärtigen Gesetzes nicht entgegenstehen, Lehrlinge anzunehmen. In der Wahl des Arbeits- und Hülfspersonals finden keine anderen Beschränkungen statt, als die durch das gegenwärtige Gesetz festgestellten. In Betreff der Berechtigung der Apotheker, Gehülfen und Lehrlinge anzunehmen, bewendet es bei den Bestimmungen der Landesgesetze. 2) Wegen der Ueberwachung

---

*) Es erfolgt der Vollständigkeit halber die Wiedergabe des ganzen Gesetzes vom 1. Juni 1891 einschließlich der auf den Arbeiterschutz sich nicht beziehenden Bestimmungen desselben.

der Beobachtung der Vorschriften des § 41a durch etwa vorhandene Innungen siehe Artikel 5 (§ 98a Abs. 2 Nr. 2b); Strafvorschriften § 146a.

Artikel 2.

Hinter § 55 der Gewerbeordnung wird eingeschaltet:

§ 55a [1] [2]. An Sonn- und Festtagen (§ 105a Absatz 2) ist der Gewerbebetrieb im Umherziehen, soweit er unter § 55 Absatz 1 Ziffer 1 bis 3 fällt, sowie der Gewerbebetrieb der im § 42b bezeichneten Personen [3] verboten.

Ausnahmen können von der unteren Verwaltungsbehörde zugelassen werden. Der Bundesrath ist ermächtigt, über die Voraussetzungen und Bedingungen, unter denen Ausnahmen zugelassen werden dürfen, Bestimmungen zu erlassen.

1) Der § 55 der Gewerbeordnung lautet: Wer außerhalb des Gemeindebezirks seines Wohnortes oder der durch besondere Anordnung der höheren Verwaltungsbehörde dem Gemeindebezirke des Wohnortes gleichgestellten nächsten Umgebung desselben ohne Begründung einer gewerblichen Niederlassung und ohne vorgängige Bestellung in eigener Person 1. Waaren feilbieten, 2. Waarenbestellungen aufsuchen oder Waaren bei andern Personen als bei Kaufleuten oder an anderen Orten, als in offenen Verkaufsstellen zum Wiederverkauf ankaufen, 3. gewerbliche Leistungen anbieten, 4. Musikaufführungen, Schaustellungen, theatralische Vorstellungen oder sonstige Lustbarkeiten, ohne daß ein höheres Interesse der Kunst oder der Wissenschaft dabei obwaltet, darbieten will, bedarf eines Wandergewerbescheins, soweit nicht für die in Ziffer 2 bezeichneten Fälle in Gemäßheit des § 44a eine Legitimationskarte genügt. In dem Falle der Ziffer 4 ist auch für den Marktverkehr (§ 64) ein Wandergewerbeschein erforderlich. 2) Wegen der Ueberwachung der Beobachtung der Vorschriften des § 55a durch etwa vorhandene Innungen siehe Artikel 5 (§ 98a Abs. 2 Nr. 2b); Strafvorschriften § 146a. 3) Der in Betracht kommende Absatz 1 des § 42b der Gewerbeordnung lautet: Durch die höhere Verwaltungsbehörde kann auf Grund eines Gemeindebeschlusses für einzelne Gemeinden bestimmt werden, daß Personen, welche in dem Gemeindebezirke einen Wohnsitz oder eine gewerbliche Niederlassung besitzen und welche innerhalb des Gemeindebezirks auf öffentlichen Wegen, Straßen, Plätzen oder an anderen öffentlichen Orten, oder ohne vorgängige Bestellung von Haus zu Haus 1. Waaren feilbieten, oder 2. Waaren bei anderen Personen, als bei Kaufleuten oder solchen Personen, welche die Waaren produziren, oder an anderen Orten als in offenen Verkaufsstellen zum Wiederverkauf ankaufen, oder Waarenbestellungen bei Personen, in deren Gewerbebetriebe

Waaren der angebotenen Art keine Verwendung finden, aufsuchen, oder 3. gewerbliche Leistungen, hinsichtlich deren dies nicht Landesgebrauch ist, anbieten wollen, der Erlaubniß bedürfen. Diese Bestimmung kann auf gewisse Kategorien von Waaren und Leistungen beschränkt werden.

Artikel 3.

Der Titel VII der Gewerbeordnung erhält folgende Fassung:

Titel VII.

Gewerbliche Arbeiter (Gesellen, Gehülfen, Lehrlinge, Betriebsbeamte, Werkmeister, Techniker, Fabrikarbeiter).

I. Allgemeine Verhältnisse.

§ 105[1][2]). Die Festsetzung der Verhältnisse zwischen den selbständigen Gewerbetreibenden und den gewerblichen Arbeitern ist, vorbehaltlich der durch Reichsgesetz begründeten Beschränkungen, Gegenstand freier Uebereinkunft.

1) Unter die Beschränkungen dieses Titels fällt nur die Beschäftigung auf Grund eines Arbeitsvertrages, nicht jedoch diejenige bei den Eltern. 2) Nach § 154 sind die Bestimmungen der §§ 105 bis 133e auf Gehülfen und Lehrlinge in Apotheken, die Bestimmungen der §§ 105, 106 bis 119b, 120a bis 133e auf Gehülfen und Lehrlinge in Handelsgeschäften nicht anwendbar.

§ 105a[1][2]). Zum Arbeiten an Sonn- und Festtagen können die Gewerbetreibenden die Arbeiter nicht verpflichten. Arbeiten, welche nach den Bestimmungen dieses Gesetzes auch an Sonn- und Festtagen vorgenommen werden dürfen, fallen unter die vorstehende Bestimmung nicht.

Welche Tage als Festtage gelten, bestimmen unter Berücksichtigung der örtlichen und konfessionellen Verhältnisse die Landesregierungen.

1) Wegen der Ueberwachung der Beobachtung der Vorschriften der §§ 105a bis 105g durch etwa vorhandene Innungen siehe Art. 5 (§ 98a Abs. 2 Nr. 2b); Strafvorschriften wegen Zuwiderhandlungen gegen die §§ 105b bis 105g siehe § 146a. 2) Vergl. Anmerk. 2 zu § 105.

§ 105b[1]). Im Betriebe von Bergwerken, Salinen, Aufbereitungsanstalten, Brüchen und Gruben, von Hüttenwerken, Fabriken und Werkstätten, von Zimmerplätzen und anderen Bauhöfen, von Werften und Ziegeleien, sowie bei Bauten aller Art dürfen Arbeiter an Sonn- und Festtagen nicht beschäftigt werden. Die den Arbeitern zu gewährende Ruhe hat mindestens für jeden Sonn- und Festtag vierundzwanzig, für zwei aufeinander folgende Sonn- und Festtage sechsunddreißig, für das Weihnachts-, Oster- und Pfingstfest achtundvierzig Stunden zu dauern. Die Ruhezeit ist von zwölf Uhr Nachts zu rechnen und muß bei zwei aufeinander folgenden Sonn- und Festtagen bis sechs Uhr Abends des zweiten Tages dauern. In Betrieben mit regelmäßiger Tag- und Nachtschicht kann die Ruhezeit frühestens um sechs Uhr Abends des vorhergehenden Werktages, spätestens um sechs Uhr Morgens des Sonn- oder Festtages beginnen, wenn für die auf den Beginn der Ruhezeit folgenden vierundzwanzig Stunden der Betrieb ruht.

Im Handelsgewerbe dürfen Gehülfen, Lehrlinge und Arbeiter am ersten Weihnachts-, Oster- und Pfingsttage überhaupt nicht, im Uebrigen an Sonn- und Festtagen nicht länger als fünf Stunden beschäftigt werden. Durch statutarische Bestimmung einer Gemeinde oder eines weiteren Kommunalverbandes (§ 142) kann diese Beschäftigung für alle oder einzelne Zweige des Handelsgewerbes auf kürzere Zeit eingeschränkt oder ganz untersagt werden. Für die letzten vier Wochen vor Weihnachten, sowie für einzelne Sonn- und Festtage, an welchen örtliche Verhältnisse einen erweiterten Geschäftsverkehr erforderlich machen, kann die Polizeibehörde eine Vermehrung der Stunden, während welcher die Beschäftigung stattfinden darf, bis auf zehn Stunden zulassen. Die Stunden, während welcher die Beschäftigung stattfinden darf, werden unter Berücksichtigung der für den öffentlichen Gottesdienst bestimmten Zeit, sofern die Beschäftigungszeit durch statutarische Bestimmungen eingeschränkt worden ist, durch letztere, im Uebrigen von der Polizeibehörde festgestellt. Die Feststellung kann für verschiedene Zweige des Handelsgewerbes verschieden erfolgen.

1) Vergl. Anmerk. 1 zu § 105a und Anmerk. 2 zu § 105.

§ 105c[1]. Die Bestimmungen des § 105b finden keine Anwendung:

1. auf Arbeiten, welche in Nothfällen oder im öffentlichen Interesse unverzüglich vorgenommen werden müssen;
2. für einen Sonntag auf Arbeiten zur Durchführung einer gesetzlich vorgeschriebenen Inventur;
3. auf die Bewachung der Betriebsanlagen, auf Arbeiten zur Reinigung und Instandhaltung, durch welche der regelmäßige Fortgang des eigenen oder eines fremden Betriebes bedingt ist, sowie auf Arbeiten, von welchen die Wiederaufnahme des vollen werktägigen Betriebes abhängig ist, sofern nicht diese Arbeiten an Werktagen vorgenommen werden können;
4. auf Arbeiten, welche zur Verhütung des Verderbens von Rohstoffen oder des Mißlingens von Arbeitserzeugnissen erforderlich sind, sofern nicht diese Arbeiten an Werktagen vorgenommen werden können;
5. auf die Beaufsichtigung des Betriebes, soweit er nach Ziffer 1 bis 4 an Sonn- und Festtagen stattfindet.

Gewerbetreibende, welche Arbeiter an Sonn- und Festtagen mit Arbeiten der unter Ziffer 1 bis 5 erwähnten Art beschäftigen, sind verpflichtet, ein Verzeichniß anzulegen, in welches für jeden einzelnen Sonn- und Festtag die Zahl der beschäftigten Arbeiter, die Dauer ihrer Beschäftigung, sowie die Art der vorgenommenen Arbeiten einzutragen sind. Das Verzeichniß ist auf Erfordern der Ortspolizeibehörde, sowie dem im § 139b bezeichneten Beamten jederzeit zur Einsicht vorzulegen.[2])

Bei den unter Ziffer 3 und 4 bezeichneten Arbeiten, sofern dieselben länger als drei Stunden dauern oder die Arbeiter am Besuche des Gottesdienstes hindern, sind die Gewerbetreibenden verpflichtet, jeden Arbeiter entweder an jedem dritten Sonntage volle sechsunddreißig Stunden oder an jedem zweiten Sonntage mindestens in der Zeit von sechs Uhr Morgens bis sechs Uhr Abends von der Arbeit frei zu lassen.

Ausnahmen von den Vorschriften des vorstehenden Absatzes darf die untere Verwaltungsbehörde gestatten, wenn die Arbeiter am Besuche des sonntäglichen Gottesdienstes nicht gehindert werden und ihnen an Stelle des Sonntages eine vierundzwanzigstündige Ruhezeit an einem Wochentage gewährt wird.

1) Vergl. Anmerk. 1 zu § 105a und Anmerk. 2 zu § 105.
2) Wegen dieser Strafbestimmung siehe § 149 Abs. 1 Ziffer 7.

§ 105d [1]). Für bestimmte Gewerbe, insbesondere für Betriebe, in denen Arbeiten vorkommen, welche ihrer Natur nach eine Unterbrechung oder einen Aufschub nicht gestatten, sowie für Betriebe, welche ihrer Natur nach auf bestimmte Jahreszeiten beschränkt sind oder welche in gewissen Zeiten des Jahres zu einer außergewöhnlich verstärkten Thätigkeit genöthigt sind, können durch Beschluß des Bundesraths Ausnahmen von der Bestimmung des § 105b Absatz 1 zugelassen werden.

Die Regelung der an Sonn- und Festtagen in diesen Betrieben gestatteten Arbeiten und der Bedingungen, unter welchen sie gestattet sind, erfolgt für alle Betriebe derselben Art gleichmäßig und unter Berücksichtigung der Bestimmung des § 105c Absatz 3.

Die vom Bundesrath getroffenen Bestimmungen sind durch das Reichs-Gesetzblatt zu veröffentlichen und dem Reichstag bei seinem nächsten Zusammentritt zur Kenntnißnahme vorzulegen.

1) Vergl. Anmerk. 1 zu § 105a und Anmerk. 2 zu § 105.

§ 105e [1]). Für Gewerbe, deren vollständige oder theilweise Ausübung an Sonn- und Festtagen zur Befriedigung täglicher oder an diesen Tagen besonders hervortretender Bedürfnisse der Bevölkerung erforderlich ist, sowie für Betriebe, welche ausschließlich oder vorwiegend mit durch Wind oder unregelmäßige Wasserkraft bewegten Triebwerken arbeiten, können durch Verfügung der höheren Verwaltungsbehörde Ausnahmen von den im § 105b getroffenen Bestimmungen zugelassen werden. Die Regelung dieser Ausnahmen hat unter Berücksichtigung der Bestimmungen des § 105c Absatz 3 zu erfolgen.

Das Verfahren auf Anträge wegen Zulassung von Ausnahmen für Betriebe, welche ausschließlich oder vorwiegend mit durch Wind oder unregelmäßige Wasserkraft bewegten Triebwerken arbeiten, unterliegt den Vorschriften der §§ 20 und 21.[2])

1) Vergl. Anmerk 1 zu § 105a und Anmerk. 2 zu § 105. 2) Es lauten die §§ 20 und 21 der Gewerbeordnung: § 20. Gegen den Bescheid ist Rekurs an die nächstvorgesetzte Behörde zulässig, welche bei Verlust desselben binnen vierzehn Tagen, vom Tage der Eröffnung des Bescheides an gerechnet, gerechtfertigt werden muß. Der Rekursbescheid ist den Parteien schriftlich zu eröffnen und muß mit Gründen versehen sein. § 21. Die näheren Bestimmungen über die Behörden und das Verfahren, sowohl in der ersten als in der Rekurs-Instanz, bleiben den Landesgesetzen vorbehalten. Es sind jedoch folgende Grundsätze einzuhalten: 1) In erster oder in zweiter Instanz muß die Entscheidung durch eine kollegiale Behörde erfolgen. Diese Behörde ist befugt, Untersuchungen an Ort und Stelle zu veranlassen, Zeugen und Sachverständige zu laden und eidlich zu vernehmen, überhaupt den angetretenen Beweis in vollem Umfange zu erheben. 2) Bildet die kollegiale Behörde die erste Instanz, so ertheilt sie ihre Entscheidung in öffentlicher Sitzung, nach erfolgter Ladung und Anhörung der Parteien, auch in dem Falle, wenn zwar Einwendungen nicht angebracht sind, die Behörde aber nicht ohne weiteres die Genehmigung ertheilen will, und den Antragsteller innerhalb vierzehn Tagen nach Empfang des, die Genehmigung versagenden oder nur unter Bedingungen ertheilenden Bescheides der Behörde auf mündliche Verhandlung anträgt. 3) Bildet die kollegiale Behörde die zweite Instanz, so ertheilt sie stets ihre Entscheidung in öffentlicher Sitzung nach erfolgter Ladung und Anhörung der Parteien. 4) Als Parteien sind der Unternehmer (Antragsteller), sowie diejenigen Personen zu betrachten welche Einwendungen erhoben haben. 5) Die Oeffentlichkeit der Sitzungen kann unter entsprechender Anwendung der §§ 173 bis 176 des Gerichtsverfassungsgesetzes ausgeschlossen oder beschränkt werden.

§ 105f[1]). Wenn zur Verhütung eines unverhältnißmäßigen Schadens ein nicht vorherzusehendes Bedürfniß der Beschäftigung von Arbeitern an Sonn- und Festtagen eintritt, so können durch die untere Verwaltungsbehörde Ausnahmen von der Bestimmung des § 105b Absatz 1 für bestimmte Zeit zugelassen werden.

Die Verfügung der unteren Verwaltungsbehörde ist schriftlich zu erlassen und muß von dem Unternehmer auf Erfordern dem für die Revision zuständigen Beamten an der Betriebsstelle zur Einsicht vorgelegt werden. Eine Abschrift der Verfügung ist innerhalb der Betriebsstätte an einer den Arbeitern leicht zugänglichen Stelle auszuhängen.

Die untere Verwaltungsbehörde hat über die von ihr gestatteten Ausnahmen ein Verzeichniß zu führen, in welchem die Betriebsstätte, die gestatteten Arbeiten, die Zahl der in dem Betriebe beschäftigten und der an den betreffenden Sonn- und Festtagen thätig gewesenen Arbeiter, die Dauer ihrer Beschäftigung, sowie die Dauer und die Gründe der Erlaubniß einzutragen sind.

1) Vergl. Anmerk. 1 zu § 105a und Anmerk. 2 zu § 105.

§ 105g[1]). Das Verbot der Beschäftigung von Arbeitern an Sonn- und Festtagen kann durch Kaiserliche Verordnung mit Zustimmung des Bundesraths auf andere Gewerbe ausgedehnt werden. Diese Verordnungen sind dem Reichstag bei seinem nächsten Zusammentritt zur Kenntnißnahme vorzulegen. Auf die von dem Verbote zuzulassenden Ausnahmen finden die Bestimmungen der §§ 105c bis 105f entsprechende Anwendung.

1) Vergl. Anmerk. 1 zu § 105a und Anmerk. 2 zu § 105.

§ 105h[1]). Die Bestimmungen der §§ 105a bis 105g stehen weitergehenden landesgesetzlichen Beschränkungen der Arbeit an Sonn- und Festtagen nicht entgegen.

Den Landes-Centralbehörden bleibt vorbehalten, für einzelne Festtage, welche nicht auf einen Sonntag fallen, Abweichungen von der Vorschrift des § 105b Absatz 1 zu gestatten[2]). Auf das Weihnachts-, Neujahrs-, Oster-, Himmelfahrts- und Pfingstfest findet diese Bestimmung keine Anwendung.

1) Die Bestimmungen der §§ 105a bis 105f regeln weder die Sonntagsarbeit in allen ihren Beziehungen noch die Beschäftigung gewerblicher Arbeiter an Sonn- und Festtagen für alle Gewerbe und Betriebe. Soweit es sich daher um die Arbeiten solcher Personen handelt, welche nicht unter die Vorschriften des Titels VII der Gewerbeordnung fallen oder um die Beschäftigung von Arbeitern in

anderen als in den im § 105 b aufgeführten Gewerben und Betrieben, kann kein Zweifel bestehen, daß die §§ 105 a bis 105 f die landesgesetzlichen Beschränkungen der Arbeit an Sonn- und Festtagen unberührt lassen. Soweit durch die §§ 105 a bis 105 f die Beschäftigung gewerblicher Arbeiter an Sonn- und Festtagen geregelt wird, geschieht es nach wirthschaftlichen und sozialpolitischen Geschäftspunkten. Sämmtlichen Arbeitern in Deutschland, auf welche sich die Regelung erstreckt, wird das Maß von Sonntagsruhe gesichert, welches nach diesen Gesichrspunkten geboten und durchführbar erscheint, während andere Gesichtspunkte, welche für die Regelung der Sonntagsarbeit gleichfalls von Bedeutung sind, namentlich die religiösen und kirchlichen, insbesondere der Kultusgesetzgebung der Einzelstaaten, Veranlassung bieten können, in der Beschränkung der Sonntagsarbeit über das in der wirthschaftlichen Gesetzgebung des Reichs innegehaltene Maß hinauszugehen. Soweit dies in bestehenden Vorschriften geschehen ist oder durch spätere Vorschriften geschehen sollte, kann die abweichende Reichsgesetzgebung, zu deren Zuständigkeit die Kultusgesetzgebung nicht gehört, nicht die Wirkung haben, die landesgesetzliche Regelung außer Kraft zu setzen. 2) In einzelnen Theilen des Reichs ist eine Reihe von kleineren konfessionellen Festtagen landesrechtlich unter die Zahl der anerkannten Festtage aufgenommen, welche in den übrigen Theilen des Reichs nicht gefeiert werden oder nicht als anerkannte Feiertage gelten. Diese Festtage auf Grund des § 105 a Abs. 2 von der Zahl der Festtage im Sinne dieses Gesetzes allgemein auszuschließen, lag kein genügender Grund vor und würde auch den in den betheiligten Bezirken herrschenden kirchlichen Anschauungen widersprechen, dagegen würde die volle Beobachtung der Vorschriften des § 105 b Abs. 1 an diesen Festtagen einzelne industrielle Betriebe, welche mit Betrieben gleicher Art in anderen Theilen des Reichs im Wettbewerbe stehen, diesen gegenüber in Nachtheil versetzen. Solchen Betrieben sind bisher auf Grund bestehenden Landesrechts nach Bedürfniß Abweichungen von den bisherigen Vorschriften über die Heilighaltung der Sonn- und Festtage gestattet. Es war Werth darauf zu legen und erschien billig, daß die Befugniß der Landeszentralbehörden, solche Abweichungen zu gestatten, auch den neueren reichsgesetzlichen Bestimmungen gegenüber aufrecht erhalten bliebe.

§ 105 i. Die §§ 105 a Absatz 1, 105 b bis 105 g finden auf Gast- und Schankwirthschaftsgewerbe, Musik-Aufführungen, Schaustellungen, theatralische Vorstellungen oder sonstige Lustbarkeiten, sowie auf Verkehrsgewerbe keine Anwendung.

Die Gewerbetreibenden können die Arbeiter in diesen Gewerben nur zu solchen Arbeiten an Sonn- und Festtagen verpflichten, welche nach der Natur des Gewerbebetriebes einen Aufschub oder eine Unterbrechung nicht gestatten.

§ 106[1][2]. Gewerbetreibende, welchen die bürgerlichen Ehrenrechte aberkannt sind, dürfen, solange ihnen diese Rechte entzogen bleiben, mit der Anleitung von Arbeitern unter achtzehn Jahren sich nicht befassen.[3])

Die Entlassung der dem vorstehenden Verbote zuwider beschäftigten Arbeiter kann polizeilich erzwungen werden.

1) Vergl. Anmerk. 2 zu § 105. 2) Wegen der Strafvorschrift siehe § 150 Abs. 1 Ziff. 1. 3) Unter Gewerbetreibende im Sinne dieses § sind auch Gesellen, Gehülfen und Arbeiter inbegriffen. Es ist jedoch gestattet, daß die in Rede stehenden Gewerbetreibenden mit der ihnen persönlich nicht gestatteten Anleitung einen Vertreter beauftragen.

§ 107[1][2]. Minderjährige Personen dürfen, soweit reichsgesetzlich nicht ein Anderes zugelassen ist, als Arbeiter nur beschäftigt werden, wenn sie mit einem Arbeitsbuche versehen sind. Bei der Annahme solcher Arbeiter hat der Arbeitgeber das Arbeitsbuch einzufordern. Er ist verpflichtet, dasselbe zu verwahren, auf amtliches Verlangen vorzulegen und nach rechtmäßiger Lösung des Arbeitsverhältnisses wieder auszuhändigen. Die Aushändigung erfolgt an den Vater oder Vormund, sofern diese es verlangen, oder der Arbeiter das sechszehnte Lebensjahr noch nicht vollendet hat, anderenfalls an den Arbeiter selbst. Mit Genehmigung der Gemeindebehörde des im § 108 bezeichneten Ortes kann die Aushändigung des Arbeitsbuches auch an die Mutter oder einen sonstigen Angehörigen oder unmittelbar an den Arbeiter erfolgen.

Auf Kinder, welche zum Besuche der Volksschule verpflichtet sind, finden vorstehende Bestimmungen keine Anwendung.

1) Vergl. Anmerk. 2 zu § 105. 2) Wegen der Strafvorschriften siehe § 150 Abs. 1 Ziffer 1 und Ziff. 2.

§ 108[1][2]. Das Arbeitsbuch wird dem Arbeiter durch die Polizeibehörde desjenigen Ortes, an welchem er zuletzt seinen dauernden Aufenthalt gehabt hat, wenn aber ein solcher im Gebiete des Deutschen Reichs nicht stattgefunden hat, von der Polizeibehörde des von ihm zuerst erwählten deutschen Arbeitsortes kosten- und stempelfrei ausgestellt. Die Ausstellung erfolgt auf Antrag oder mit Zustimmung des Vaters oder Vormundes; ist die Erklärung des Vaters nicht zu beschaffen, oder verweigert der Vater die Zustimmung ohne genügenden Grund und zum Nachtheile des Arbeiters, so kann die Gemeindebehörde [3]) die Zustimmung desselben ergänzen. [4]) Vor der Ausstellung ist nachzuweisen, daß der Arbeiter zum Besuche der Volksschule nicht mehr verpflichtet ist, und glaubhaft zu machen, daß bisher ein Arbeitsbuch für ihn noch nicht ausgestellt war.

1) Vgl. Anm. 2 zu § 105. 2) Wegen der Strafvorschrift siehe § 150 Abs. 1 Ziff. 1. 3) Es ist die Gemeindebehörde desjenigen Ortes zuständig, welcher auch die Zuständigkeit der Polizeibehörde bestimmt. 4) Nach einer Ministerialverfügung vom 24. Oktober 1878 soll in Preußen die Gemeindebehörde nur eintreten, wenn der Vater körperlich oder geistig unfähig, oder sein Aufenthalt unbekannt oder sonst ein Verkehr mit ihm nicht möglich ist. Die Ergänzung seitens der Behörde erfolgt schriftlich.]

§ 109 [1])[2]). Wenn das Arbeitsbuch vollständig ausgefüllt oder nicht mehr brauchbar, oder wenn es verloren gegangen oder vernichtet ist, so wird an Stelle desselben ein neues Arbeitsbuch ausgestellt. Die Ausstellung erfolgt durch die Polizeibehörde desjenigen Ortes, an welchem der Inhaber des Arbeitsbuches zuletzt seinen dauernden Aufenthalt gehabt hat. Das ausgefüllte oder nicht mehr brauchbare Arbeitsbuch ist durch einen amtlichen Vermerk zu schließen.

Wird das neue Arbeitsbuch an Stelle eines nicht mehr brauchbaren, eines verloren gegangenen oder vernichteten Arbeitsbuches ausgestellt, so ist dies darin zu vermerken. Für die Ausstellung kann in diesem Falle eine Gebühr bis zu fünfzig Pfennig erhoben werden.

1) Vgl. Anmerk. 2 zu § 105. 2) Wegen der Strafvorschrift siehe § 150 Abs. 1 Ziff. 1 u. 3.

§ 110 [1])[2]). Das Arbeitsbuch (§ 108) muß den Namen des Arbeiters, Ort, Jahr und Tag seiner Geburt, Namen und letzten Wohnort seines Vaters oder Vormundes und die Unterschrift des Arbeiters enthalten. Die Ausstellung erfolgt unter dem Siegel und der Unterschrift der Behörde. Letztere hat über die von ihr ausgestellten Arbeitsbücher ein Verzeichniß zu führen.

Die Einrichtung der Arbeitsbücher wird durch den Reichskanzler bestimmt.

1) Vgl. Anmerk. 2 zu § 105. 2) Wegen der Strafvorschrift siehe § 150 Abs. 1 Ziff. 1.

§ 111[1][2]. Bei dem Eintritt des Arbeiters in das Arbeitsverhältniß hat der Arbeitgeber an der dafür bestimmten Stelle des Arbeitsbuches die Zeit des Eintritts und die Art der Beschäftigung, am Ende des Arbeitsverhältnisses die Zeit des Austritts und, wenn die Beschäftigung Aenderungen erfahren hat, die Art der letzten Beschäftigung des Arbeiters einzutragen

Die Eintragungen sind mit Tinte zu bewirken und von dem Arbeitgeber oder dem dazu bevollmächtigten Betriebsleiter zu unterzeichnen.

Die Eintragungen dürfen nicht mit einem Merkmal versehen sein, welches den Inhaber des Arbeitsbuches günstig oder nachtheilig zu kennzeichnen bezweckt.[2]

Die Eintragung eines Urtheils über die Führung oder die Leistungen des Arbeiters und sonstige durch dieses Gesetz nicht vorgesehene Eintragungen oder Vermerke in oder an dem Arbeitsbuche sind unzulässig.

1) Vgl. Anmerk. 2 zu § 105. 2) Wegen der Strafvorschriften siehe § 150 Abs. 1 Ziff. 1 u. 2, sowie § 146 Abs. 1 Ziff. 3.

§ 112.[1][2]. Ist das Arbeitsbuch bei dem Arbeitgeber unbrauchbar geworden, verloren gegangen oder vernichtet, oder sind von dem Arbeitgeber unzulässige Merkmale, Eintragungen oder Vermerke in oder an dem Arbeitsbuche gemacht, oder wird von dem Arbeitgeber ohne rechtmäßigen Grund die Aushändigung des Arbeitsbuches verweigert, so kann die Ausstellung eines neuen Arbeitsbuches auf Kosten des Arbeitgebers beansprucht werden.

Ein Arbeitgeber, welcher das Arbeitsbuch seiner gesetzlichen Verpflichtung zuwider nicht rechtzeitig ausgehändigt oder die vorschriftsmäßigen Eintragungen zu machen unterlassen oder unzulässige Merkmale, Eintragungen oder Vermerke gemacht hat, ist dem Arbeiter entschädigungspflichtig. Der Anspruch auf Entschädigung erlischt, wenn er nicht innerhalb vier Wochen nach seiner Entstehung im Wege der Klage oder Einrede geltend gemacht ist.

1) Vgl. Anmerk. 2 zu § 105. 2) Wegen der Strafvorschrift siehe § 150 Abs. 1 Ziff. 1 und 2.

§ 113[1][2]. Beim Abgange können die Arbeiter ein Zeugniß über die Art und Dauer ihrer Beschäftigung fordern.

Dieses Zeugniß ist auf Verlangen der Arbeiter auch auf ihre Führung und ihre Leistungen auszudehnen.

Den Arbeitgebern ist untersagt, die Zeugnisse mit Merkmalen zu versehen, welche den Zweck haben, den Arbeiter in einer aus dem Wortlaut des Zeugnisses nicht ersichtlichen Weise zu kennzeichnen.[2]

Ist der Arbeiter minderjährig, so kann das Zeugniß von dem Vater oder Vormund gefordert werden. Diese können verlangen, daß das Zeugniß nicht an den Minderjährigen, sondern an sie ausgehändigt werde. Mit Genehmigung der Gemeindebehörde des im § 108 bezeichneten Ortes kann auch gegen den Willen des Vaters oder Vormundes die Aushändigung unmittelbar an den Arbeiter erfolgen.

1) Vgl. Anmerk. 2 zu § 105. 2) Wegen der Strafvorschrift siehe § 146 Abs. 1 Ziff. 3 und § 150 Abs. 1 Ziff. 2.

§ 114[1]. Auf Antrag des Arbeiters hat die Ortspolizeibehörde die Eintragung in das Arbeitsbuch und das dem Arbeiter etwa ausgestellte Zeugniß kosten- und stempelfrei zu beglaubigen.

1) Vgl. Anmerk. 2 zu § 105.

§ 115[1][2][3]. Die Gewerbetreibenden[4] sind verpflichtet, die Löhne ihrer Arbeiter in Reichswährung zu berechnen und baar auszuzahlen.[5][6][7]

Sie dürfen den Arbeitern keine Waaren kreditiren.[8] Doch ist es gestattet, den Arbeitern Lebensmittel[9] für den Betrag der Anschaffungskosten,[10] Wohnung und

Landnutzung gegen die ortsüblichen Mieth- und Pachtpreise, Feuerung, Beleuchtung, regelmäßige Beköstigung, Arzneien und ärztliche Hülfe, sowie Werkzeuge und Stoffe zu den ihnen übertragenen Arbeiten für den Betrag der durchschnittlichen Selbstkosten unter Anrechnung bei der Lohnzahlung[11]) zu verabfolgen. Zu einem höheren Preise ist die Verabfolgung von Werkzeugen und Stoffen für Akkordarbeiten zulässig, wenn derselbe den ortsüblichen nicht übersteigt und im Voraus vereinbart ist.[12])

1) Vgl. Anmerk. 2 zu § 105. 2) Wegen der Strafvorschrift siehe § 146 Ziff. 1. 3) Die Einwilligung der Arbeiter schließt die Strafbarkeit nicht aus. Vgl. Entscheidung des Reichsgerichts vom 9. Januar 1882 (E. V 426), vom 27. Juni 1884 (R. VI 484). 4) Unter einem Gewerbetreibenden versteht die Gewerbeordnung einen selbstständigen Gewerbetreibenden, d. h. einen solchen, welcher das betreffende Gewerbe für eigene Rechnung und unter eigener Verantwortlichkeit betreibt. Vgl. Entsch. des Reichsgerichts vom 20. Dezember 1883 (E. IX 351). Dadurch, daß einem Werkmeister die Annahme, Entlassung und Auslöhnung der Arbeiter überlassen ist, wird derselbe nicht zum Gewerbetreibenden. Vgl. Entscheid. des Reichsgerichts vom 14. Juni 1888 (E. XVIII 27) und vom 19. Oktober 1888 (R. X 583). 5) Die §§ 115 ff. finden auch auf solche Arbeiter Anwendung, welche nur zu gelegentlichem Nebenverdienst für einen Gewerbetreibenden Arbeit verrichten. Vgl. Entsch. des Reichsgerichts vom 18. Dezember 1885 (R. VII 746, E. XIII 182). Gewerbliche Arbeiter sind auch diejenigen Personen, welche für bestimmte Gewerbetreibende außerhalb der Arbeitsstätten der letzteren mit der Anfertigung gewerblicher Erzeugnisse beschäftigt sind, sog. Hausindustrie, und bezieht sich auch auf diese das Verbot des sogen. Trucksystems. Vgl. Entsch. des Reichsgerichts vom 20. Dezember 1883 (E. IX 351). 5) Die den Gewerbetreibenden auferlegte Verpflichtung, die Löhne ihrer Arbeiter baar auszuzahlen, muß nicht unbedingt durch unmittelbare Zahlung an die Person des Arbeiters erfüllt werden, es ist auch statthaft, die Baarzahlung den Arbeitern unter Voraussetzung deren Zustimmung unmittelbar an Dritte, als Cessionare oder Gläubiger, zu leisten. Vgl. Entsch. des Reichsgerichts vom 12. November 1882 (E. VII 197) 6) Auch selbstständige Gewerbeunternehmer, die selbst Gehülfen beschäftigen, welche aber einem andern Unternehmer allein oder doch fast allein Fabrikate oder Halbfabrikate liefern und nicht für das Publikum arbeiten, müssen ausschließlich in Geld ihren Lohn erhalten, wenn sie in wirthschaftlicher Abhängigkeit von ihrem Besteller stehen. Vergl. Entsch. des Reichsgerichts vom 21. Januar 1886 (R. VIII 66, E. XIII 285). 7) Die Verrechnung von Blechmarken (für Lebens-

mittel und Waarenbezüge) bei der Lohnauszahlung an die Arbeiter ist strafbar. Vgl. Entsch. des Reichsgerichts vom 23. November 1882 (R. IV 834, E. VII 247) und vom 8. Januar 1883 (R. V 18). Die von einem Gewerbetreibenden oder den ihm gesetzlich gleichgestellten Personen auf Anrechnung des Lohnes an die Arbeiter erfolgte Aushändigung von Marken, auf welche bei dritten Personen Lebensmittel entnommen werden können, ist unstatthaft und strafbar. Vgl. Entsch. des Reichsgerichts vom 22. September 1882 (R. IV 706, E. VII 37). Die Verrechnung von Vorschußzetteln (für Lebensmittel) bei der Lohnzahlung an die Arbeiter fällt auch dann unter das Verbot der Gewerbeordnung, wenn der ganze Lohnbetrag baar aufgezählt, demnächst aber vor Uebergabe des Geldes an den Arbeiter mit Zustimmung desselben der dem Vorschußzettel entsprechende Betrag abgezogen wird. Vgl. Entsch. des Reichsgerichts vom 20. April 1886 (R. VIII 304). Wenn jedoch der Arbeiter seinen baar erhaltenen Lohn auch unmittelbar zum Ankauf von Waaren aus dem Geschäfte des Arbeitgebers verwendet und solche Verwendung üblich geworden ist, so wird dadurch, wenn nicht ein ausdrückliches Abkommen zur Umgehung des Gesetzes vorliegt, eine Strafbarkeit nicht begründet. Vgl. Entsch. des Reichsgerichts vom 18. Dezember 1885 (R. VII 746, E. XIII 182). 8) Das Kreditiren von Waaren im Sinne des § 115 besteht einerseits in der Uebertragung des Eigenthums der Waaren an den Käufer, andererseits in der Begründung des Kaufgeldanspruchs für den Verkäufer. Vgl. Entsch. des Reichsgerichts vom 11. November 1887 (E. XV 284). Kreditiren von Waaren im Sinne des Abs. 2 liegt nicht vor, wenn der Gewerbetreibende mit einem Dritten einen Vertrag abschließt, den Arbeitern Waaren auf Borg zu liefern. Vgl. Entsch. des Reichsgerichts vom 12. November 1882 (E. VII 197). 9) Unter Lebensmitteln sind nur Nahrungsmittel, nicht auch Haushaltungsartikel zu verstehen. Vgl. Entsch. des Reichsgerichts vom 26. April 1887 (R. IX 289, E. XV 437). 10) Es fallen unter Anschaffungskosten auch die Transportkosten, nicht aber die dem Arbeitgeber im Hinblick auf dessen Mühewaltung bei der Verabfolgung, auf die Aufbewahrung und Bereithaltung der Lebensmittel, auf die Abnutzung der Geschirr- und Betriebseinrichtungen entstehenden Kosten resp. Verlustentschädigungen. Vgl. Entsch. des Reichsgerichts vom 19. November 1888 (R. X 672, E. XVIII 224). 11) Wenn das Gericht annimmt, daß die Zuwiderhandlung gegen § 115 an verschiedenen Lohntagszahlungen auf selbstständigen Entschlüssen des Arbeitgebers beruht, kann realer Zusammenfluß mehrerer Delikte angenommen werden. Vgl. Entsch. des Reichsgerichts vom 13. Januar 1885 (R. VII 32, E. XII 102) und vom 21. Januar 1886 (R. VIII 66, E. XIII 255). 12) Nach § 154a finden die Bestimmungen der §§ 115 bis 119a, 135 bis 139b, 152 und 153 auf die Besitzer und Arbeiter von Bergwerken, Salinen, Aufbereitungsanstalten und unterirdisch betriebenen Brüchen oder Gruben entsprechende Anwendung.

§ 115a.[1][2]) Lohn- und Abschlagszahlungen dürfen in Gast- und Schankwirthschaften oder Verkaufsstellen nicht ohne Genehmigung der unteren Verwaltungsbehörde erfolgen; sie dürfen an Dritte nicht erfolgen auf Grund von Rechtsgeschäften oder Urkunden über Rechtsgeschäfte, welche nach § 2 des Gesetzes, betreffend die Beschlagnahme des Arbeits- oder Dienstlohnes, vom 21. Juni 1869[3]) (Bundes-Gesetzbl. S. 242) rechtlich unwirksam sind.

1) Vgl. Anmerk. 2 zu § 105 und Anmerk. 12 zu § 115. 2) Wegen der Strafvorschrift siehe § 148 Abs. 1 Ziff. 13. 3) Es lautet der § 2 des Gesetzes vom 21. Juni 1869: § 2. Die Bestimmungen des § 1 können nicht mit rechtlicher Wirkung durch Vertrag ausgeschlossen oder beschränkt werden. Soweit nach diesen Bestimmungen die Beschlagnahme unzulässig ist, ist auch jede Verfügung durch Cession, Anweisung, Verpfändung oder durch ein anderes Rechtsgeschäft ohne rechtliche Wirkung.

§ 116.[1]) Arbeiter, deren Forderungen in einer dem § 115 zuwiderlaufenden Weise berichtigt worden sind, können zu dieser Zeit Zahlung nach Maßgabe des § 115 verlangen, ohne daß ihnen eine Einrede aus dem an Zahlungsstatt Gegebenen entgegengesetzt werden kann.[2]) Letzteres fällt, soweit es noch bei dem Empfänger vorhanden oder dieser daraus bereichert ist, derjenigen Hülfskasse zu, welcher der Arbeiter angehört, in Ermangelung einer solchen einer anderen zum Besten der Arbeiter an dem Orte bestehenden, von der Gemeindebehörde zu bestimmenden Kasse und in deren Ermangelung der Ortsarmenkasse.

1) Vgl. Anmerk. 2 zu § 105 und Anmerk. 12 zu § 115. 2) Der Satz 1 bezweckt jedoch nicht die Ausschließung der Verjährung.

§ 117.[1]) Verträge, welche dem § 115 zuwiderlaufen, sind nichtig.

Dasselbe gilt von Verabredungen zwischen den Gewerbetreibenden und den von ihnen beschäftigten Arbeitern über die Entnahme der Bedürfnisse der letzteren aus gewissen Verkaufsstellen, sowie überhaupt über die Verwendung des Verdienstes derselben zu einem anderen Zweck als zur Betheiligung an Einrichtungen zur Verbesserung der Lage der Arbeiter oder ihrer Familien.

1) Vgl. Anmerk. 2 zu § 105 und Anmerk. 12 zu § 115.

§ 118.[1]) Forderungen für Waaren, welche dem § 115 zuwider kreditirt worden sind, können von dem Gläubiger weder eingeklagt, noch durch Anrechnung oder sonst geltend gemacht werden, ohne Unterschied, ob sie zwischen den Betheiligten unmittelbar entstanden oder mittelbar erworben sind. Dagegen fallen dergleichen Forderungen der im § 116 bezeichneten Kasse zu.

1) Vgl. Anmerk. 2 zu § 105 und Anmerk. 12 zu § 115.

§ 119.[1])[2])[3]) Den Gewerbtreibenden im Sinne der §§ 115 bis 118 sind gleich zu achten deren Familienglieder, Gehülfen, Beauftragte,[4]) Geschäftsführer, Aufseher und Faktoren, sowie andere Gewerbtreibende, bei deren Geschäft eine der hier erwähnten Personen unmittelbar oder mittelbar betheiligt ist.

1) Vgl. Anm. 2 zu § 105 und Anmerk. 12 zu § 115. 2) Das Reat aus §§ 115 und 119 kann nur von selbstständigen Gewerbetreibenden begangen werden; die von denselben in ihrem Geschäfte verwendeten Familienglieder ꝛc. fallen daher nicht unter die Strafbestimmung des § 119, noch unter die dort aufgeführten „andern Gewerbetreibenden"; sie können nicht als Mitthäter, wohl unter Umständen wegen Theilnehmer aus §§ 48 und 49 des Str.-G.-B. bestraft werden. Vgl. Entsch. des Reichsgerichts vom 30. März 1882 (R. IV 296, E. VI 126). 3) Für die Zuwiderhandlungen gegen die Verbote im § 115 durch dem Gewerbetreibenden gleichzuachtende Personen ist auch der Gewerbetreibende selbst verantwortlich. Vgl. Entsch. des Reichsgerichts vom 9. Januar 1882 (E. V 426). 4) Die Kantinenwirthe, welchen von den Gewerbtreibenden der Betrieb gestattet wird, können als Beauftragte derselben betrachtet werden, denen das Kreditiren der Waaren untersagt ist. Durch bloßes Nichtverhindern des Kreditgebens können Fabrikherren, welche wissen, daß Kantinenwirthe in ihren Fabriken Waaren kreditiren, sich nicht als Mitthäter schuldig machen. Vgl. Entsch. des Reichsgerichts vom 7./14. Juni 1888 (R. X 422).

§ 119a. Lohneinbehaltungen, welche von Gewerbeunternehmern zur Sicherung des Ersatzes eines ihnen aus der widerrechtlichen Auflösung des Arbeitsverhältnisses erwachsenden Schadens oder einer für diesen Fall verabredeten Strafe ausbedungen werden, dürfen bei den einzelnen Lohnzahlungen ein Viertel des fälligen Lohnes, im

Gesammtbetrage den Betrag eines durchschnittlichen Wochenlohnes nicht übersteigen.

Durch statutarische Bestimmung einer Gemeinde oder eines weiteren Kommunalverbandes (§ 142) kann für alle Gewerbebetriebe oder gewisse Arten derselben festgesetzt werden:

1. daß Lohn- und Abschlagszahlungen in festen Fristen erfolgen müssen, welche nicht länger als einen Monat und nicht kürzer als eine Woche sein dürfen;
2. daß der von minderjährigen Arbeitern verdiente Lohn an die Eltern oder Vormünder und nur mit deren schriftlicher Zustimmung oder nach deren Bescheinigung über den Empfang der letzten Lohnzahlung unmittelbar an die Minderjährigen gezahlt wird;
3. daß die Gewerbetreibenden den Eltern oder Vormündern innerhalb gewisser Fristen Mittheilung von den an minderjährige Arbeiter gezahlten Lohnbeträgen zu machen haben.

1) Vgl. Anmerk. 2 zu § 105 und Anmerk. 12 zu § 115. 2) Wegen der Strafvorschrift siehe § 148 Abs. 1 Ziff. 13.

§ 119b.[1—4] Unter den in §§ 115 bis 119a bezeichneten Arbeitern werden auch diejenigen Personen verstanden, welche für bestimmte Gewerbetreibende außerhalb der Arbeitsstätten der letzteren mit der Anfertigung gewerblicher Erzeugnisse beschäftigt sind, und zwar auch dann, wenn sie die Roh- und Hülfsstoffe selbst beschaffen.

1) Vgl. Anmerk. 2 zu § 105. 2) Wegen der Strafvorschrift siehe Art. 6 (§ 149 Abs. 1 Ziff. 7). 3) Für das zwischen den sog. Heimarbeitern (Hausindustriellen) und ihrem Arbeitgeber bestehende Arbeitsverhältniß ist es ohne Belang, daß erstere auch für andere Gewerbetreibende beschäftigt waren; jedoch wird ein Arbeitsverhältniß im Sinne dieses § nicht schon von Fall zu Fall durch jede einzelne Arbeitsbestellung begründet. 4) Hierunter fallen, auch ohne ausdrücklich vereinbarten Dienstvertrag, alle jene sog. Haus- oder Heimarbeiter, welche nach Sachlage nur an einen bestimmten Gewerbetreibenden als Arbeitsherrn ihre Arbeiten absetzen können. Vgl. Entsch. des Reichsgerichts vom 12. Oktober 1885 (R. VII 569, E. XII 428).

§ 120.[1][2] Die Gewerbeunternehmer sind verpflichtet, ihren Arbeitern unter achtzehn Jahren, welche eine von der Gemeindebehörde oder vom Staate als Fortbildungsschule anerkannte Unterrichtsanstalt besuchen, hierzu die erforderlichenfalls von der zuständigen Behörde festzusetzende Zeit zu gewähren. Am Sonntage darf der Unterricht nur stattfinden, wenn die Unterrichtsstunden so gelegt werden, daß die Schüler nicht gehindert werden, den Hauptgottesdienst oder einen mit Genehmigung der kirchlichen Behörden für sie eingerichteten besonderen Gottesdienst ihrer Konfession zu besuchen. Ausnahmen von dieser Bestimmung kann die Zentralbehörde für bestehende Fortbildungsschulen, zu deren Besuch keine Verpflichtung besteht, bis zum 1. Oktober 1894 gestatten.

Als Fortbildungsschulen im Sinne dieser Bestimmung gelten auch Anstalten, in welchen Unterricht in weiblichen Hand- und Hausarbeiten ertheilt wird.

Durch statutarische Bestimmung einer Gemeinde oder eines weiteren Kommunalverbandes (§ 142) kann für männliche Arbeiter unter achtzehn Jahren die Verpflichtung zum Besuche einer Fortbildungsschule, soweit diese Verpflichtung nicht landesgesetzlich besteht, begründet werden. Auf demselben Wege können die zur Durchführung dieser Verpflichtung erforderlichen Bestimmungen getroffen werden. Insbesondere können durch statutarische Bestimmung die zur Sicherung eines regelmäßigen Schulbesuchs den Schulpflichtigen, sowie deren Eltern, Vormündern und Arbeitgebern obliegenden Verpflichtungen bestimmt und diejenigen Vorschriften erlassen werden, durch welche die Ordnung in der Fortbildungsschule und ein gebührliches Verhalten der Schüler gesichert wird. Von der durch statutarische Bestimmung begründeten Verpflichtung zum Besuche einer Fortbildungsschule sind diejenigen befreit, welche eine Innungs- oder andere Fortbildungs- oder Fachschule besuchen, sofern der Unterricht dieser Schule von der höheren Verwaltungsbehörde als ein ausreichender Ersatz des allgemeinen Fortbildungsschulunterrichts anerkannt wird.[3])

1) Vgl. Anmerk. 2 zu § 105. 2) Bezüglich der Ueberwachung der Beobachtung der Vorschriften der §§ 120 bis 120e durch etwa bestehende Innungen siehe Art. 5 (§ 98a Abs. 2 Nr. 2b). 3) Wegen der Strafvorschrift siehe § 150 Ziff. 4.

§ 120a.[1]) Die Gewerbeunternehmer sind verpflichtet, die Arbeitsräume, Betriebsvorrichtungen, Maschinen und Geräthschaften so einzurichten und zu unterhalten und den Betrieb so zu regeln, daß die Arbeiter gegen Gefahren für Leben und Gesundheit soweit geschützt sind, wie es die Natur des Betriebes gestattet.

Insbesondere ist für genügendes Licht, ausreichenden Luftraum und Luftwechsel, Beseitigung des bei dem Betriebe entstehenden Staubes, der dabei entwickelten Dünste und Gase, sowie der dabei entstehenden Abfälle Sorge zu tragen.

Ebenso sind diejenigen Vorrichtungen herzustellen, welche zum Schutze der Arbeiter gegen gefährliche Berührungen mit Maschinen oder Maschinentheilen oder gegen andere in der Natur der Betriebsstätte oder des Betriebes liegende Gefahren, namentlich auch gegen die Gefahren, welche aus Fabrikbränden erwachsen können, erforderlich sind.

Endlich sind diejenigen Vorschriften über die Ordnung des Betriebes und das Verhalten der Arbeiter zu erlassen, welche zur Sicherung eines gefahrlosen Betriebes erforderlich sind.

1) Vgl. Anmerk. 2 zu § 105 und Anmerk. 2 zu § 120.

§ 120b.[1]) Die Gewerbeunternehmer sind verpflichtet, diejenigen Einrichtungen zu treffen und zu unterhalten und diejenigen Vorschriften über das Verhalten der Arbeiter im Betriebe zu erlassen, welche erforderlich sind, um die Aufrechterhaltung der guten Sitten und des Anstandes zu sichern.

Insbesondere muß, soweit es die Natur des Betriebes zuläßt, bei der Arbeit die Trennung der Geschlechter durchgeführt werden, sofern nicht die Aufrechterhaltung der guten Sitten und des Anstandes durch die Einrichtung des Betriebes ohnehin gesichert ist.

In Anlagen, deren Betrieb es mit sich bringt, daß die Arbeiter sich umkleiden und nach der Arbeit sich reinigen, müssen ausreichende, nach Geschlechtern getrennte Ankleide- und Waschräume vorhanden sein.

Die Bedürfnißanstalten müssen so eingerichtet sein, daß sie für die Zahl der Arbeiter ausreichen, daß den Anforderungen der Gesundheitspflege entsprochen wird und daß ihre Benutzung ohne Verletzung von Sitte und Anstand erfolgen kann.

1) Vgl. Anmerk. 2 zu § 105 und Anmerk. 2 zu § 120.

§ 120c.[1]) Gewerbeunternehmer, welche Arbeiter unter achtzehn Jahren beschäftigen, sind verpflichtet, bei der Einrichtung der Betriebsstätte und bei der Regelung des Betriebes diejenigen besonderen Rücksichten auf Gesundheit und Sittlichkeit zu nehmen, welche durch das Alter dieser Arbeiter geboten sind.

1) Vgl. Anmerk. 2 zu § 105 und Anmerk. 2 zu § 120.

§ 120d.[1])[2]) Die zuständigen Polizeibehörden sind befugt, im Wege der Verfügung für einzelne Anlagen die Ausführung derjenigen Maßnahmen anzuordnen, welche zur Durchführung der in §§ 120a bis 120c enthaltenen Grundsätze erforderlich und nach der Beschaffenheit der Anlage ausführbar erscheinen. Sie können anordnen, daß den Arbeitern zur Einnahme von Mahlzeiten außerhalb der Arbeitsräume angemessene, in der kalten Jahreszeit geheizte Räume unentgeltlich zur Verfügung gestellt werden.

Soweit die angeordneten Maßregeln nicht die Beseitigung einer dringenden, das Leben oder die Gesundheit bedrohenden Gefahr bezwecken, muß für die Ausführung eine angemessene Frist gelassen werden.

Den bei Erlaß dieses Gesetzes bereits bestehenden Anlagen gegenüber können, solange nicht eine Erweiterung oder ein Umbau eintritt, nur Anforderungen gestellt werden, welche zur Beseitigung erheblicher, das Leben, die Gesundheit oder die Sittlichkeit der Arbeiter gefährdender Mißstände erforderlich oder ohne unverhältnißmäßige Aufwendungen ausführlich erscheinen.

Gegen die Verfügung der Polizeibehörde steht dem Gewerbeunternehmer binnen zwei Wochen die Beschwerde an die höhere Verwaltungsbehörde zu. Gegen die Entscheidung der höheren Verwaltungsbehörde ist binnen vier Wochen die Beschwerde an die Zentralbehörde zulässig; diese entscheidet endgültig. Widerspricht die Verfügung den von der zuständigen Berufsgenossenschaft erlassenen Vorschriften zur Verhütung von Unfällen, so ist zur Einlegung der vorstehend bezeichneten Rechtsmittel binnen der dem Gewerbeunternehmer zustehenden Frist auch der Vorstand der Berufsgenossenschaft befugt.

1) Vgl. Anmerk. 2 zu § 105 und Anmerk. 2 zu § 120. 2) Wegen der Strafbestimmung siehe § 147 Abs. 1 Ziff. 4.

§ 120e.[1]) Durch Beschluß des Bundesraths können Vorschriften darüber erlassen werden, welchen Anforderungen in bestimmten Arten von Anlagen zur Durchführung der in den §§ 120a bis 120c enthaltenen Grundsätze zu genügen ist.

Soweit solche Vorschriften durch Beschluß des Bundesraths nicht erlassen sind, können dieselben durch Anordnung der Landes-Zentralbehörden oder durch Polizeiverordnungen der zum Erlaß solcher berechtigten Behörden erlassen werden. Vor dem Erlaß solcher Anordnungen und Polizeiverordnungen ist den Vorständen der betheiligten Berufsgenossenschaften oder Berufsgenossenschafts-Sektionen Gelegenheit zu einer gutachtlichen Aeußerung zu geben. Auf diese finden die Bestimmungen des § 79 Absatz 1 des Gesetzes, betreffend die Unfallversicherung der Arbeiter, vom 6. Juli 1884 (Reichs-Gesetzbl. S. 69) Anwendung.

Durch Beschluß des Bundesraths können für solche Gewerbe, in welchen durch übermäßige Dauer der täglichen Arbeitszeit die Gesundheit der Arbeiter gefährdet wird, Dauer, Beginn und Ende der zulässigen täglichen Arbeitszeit und der zu gewährenden Pausen vorgeschrieben und die zur Durchführung dieser Vorschriften erforderlichen Anordnungen erlassen werden.

Die durch Beschluß des Bundesraths erlassenen Vorschriften sind durch das Reichs-Gesetzblatt zu veröffentlichen und dem Reichstag bei seinem nächsten Zusammentritt zur Kenntnißnahme vorzulegen.

1) Vgl. Anmerk. 2 zu § 105 und Anmerk. 2 zu § 120. 2) Wegen der Strafbestimmung siehe § 147 Abs. 1 Ziff. 4.

II. Verhältnisse der Gesellen und Gehülfen.

§ 121.[1][2]) Gesellen und Gehülfen sind verpflichtet, den Anordnungen der Arbeitgeber in Beziehung auf die ihnen übertragenen Arbeiten und auf die häuslichen Einrichtungen Folge zu leisten; zu häuslichen Arbeiten sind sie nicht verbunden.

1) Vgl. Anmerk. 2 zu 105. 2) Verletzungen dieses § sind nicht unter Strafe gestellt.

§ 122.[1]) Das Arbeitsverhältniß zwischen den Gesellen oder Gehülfen und ihren Arbeitgebern kann, wenn nicht ein Anderes verabredet ist, durch eine jedem Theile freistehende, vierzehn Tage vorher erklärte Aufkündigung gelöst werden. Werden andere Aufkündigungsfristen vereinbart, so müssen sie für beide Theile gleich sein. Vereinbarungen, welche dieser Bestimmung zuwiderlaufen, sind nichtig.

1) Vgl. Anmerk. 2 zu § 105.

§ 123.[1]) Vor Ablauf der vertragsmäßigen Zeit und ohne Aufkündigung können Gesellen und Gehülfen entlassen werden:

1. wenn sie bei Abschluß des Arbeitsvertrages den Arbeitgeber durch Vorzeigung falscher oder verfälschter Arbeitsbücher oder Zeugnisse hintergangen oder ihn über das Bestehen eines anderen, sie gleichzeitig verpflichtenden Arbeitsverhältnisses in einen Irrthum versetzt haben;
2. wenn sie eines Diebstahls, einer Entwendung, einer Unterschlagung, eines Betruges oder eines liederlichen Lebenswandels sich schuldig machen;
3. wenn sie die Arbeit unbefugt verlassen haben oder sonst den nach dem Arbeitsvertrage ihnen obliegenden Verpflichtungen nachzukommen beharrlich verweigern;

4. wenn sie der Verwarnung ungeachtet mit Feuer und Licht unvorsichtig umgehen;
5. wenn sie sich Thätlichkeiten oder grobe Beleidigungen gegen den Arbeitgeber oder seine Vertreter oder gegen die Familienangehörigen des Arbeitgebers oder seiner Vertreter zu Schulden kommen lassen;
6. wenn sie einer vorsätzlichen und rechtswidrigen Sachbeschädigung zum Nachtheile des Arbeitgebers oder eines Mitarbeiters sich schuldig machen;
7. wenn sie Familienangehörige des Arbeitgebers oder seiner Vertreter oder Mitarbeiter zu Handlungen verleiten oder zu verleiten versuchen oder mit Familienangehörigen des Arbeitgebers oder seiner Vertreter Handlungen begehen, welche wider die Gesetze oder die guten Sitten verstoßen;
8. wenn sie zur Fortsetzung der Arbeit unfähig oder mit einer abschreckenden Krankheit behaftet sind.

In den unter Nr. 1 bis 7 gedachten Fällen ist die Entlassung nicht mehr zulässig, wenn die zu Grunde liegenden Thatsachen dem Arbeitgeber länger als eine Woche bekannt sind.

Inwiefern in den unter Nr. 8 gedachten Fällen dem Entlassenen ein Anspruch auf Entschädigung zustehe, ist nach dem Inhalt des Vertrages und nach den allgemeinen gesetzlichen Vorschriften zu beurtheilen.

1) Vgl. Anmerk. 2 zu § 105.

§ 124.[1]) Vor Ablauf der vertragsmäßigen Zeit und ohne Aufkündigung können Gesellen und Gehülfen die Arbeit verlassen:

1. wenn sie zur Fortsetzung der Arbeit unfähig werden;
2. wenn der Arbeitgeber oder seine Vertreter sich Thätlichkeiten oder grobe Beleidigungen gegen die Arbeiter oder gegen ihre Familienangehörigen zu Schulden kommen lassen;
3. wenn der Arbeitgeber oder seine Vertreter oder Familienangehörige derselben die Arbeiter oder

deren Familienangehörige zu Handlungen verleiten oder zu verleiten versuchen oder mit den Familienangehörigen der Arbeiter Handlungen begehen, welche wider die Gesetze oder die guten Sitten laufen;

4. wenn der Arbeitgeber den Arbeitern den schuldigen Lohn nicht in der bedungenen Weise auszahlt, bei Stücklohn nicht für ihre ausreichende Beschäftigung sorgt, oder wenn er sich widerrechtlicher Uebervortheilungen gegen sie schuldig macht;

5. wenn bei Fortsetzung der Arbeit das Leben oder die Gesundheit der Arbeiter einer erweislichen Gefahr ausgesetzt sein würde, welche bei Eingehung des Arbeitsvertrages nicht zu erkennen war.

In den unter Nr. 2 gedachten Fällen ist der Austritt aus der Arbeit nicht mehr zulässig, wenn die zu Grunde liegenden Thatsachen dem Arbeiter länger als eine Woche bekannt sind.

1) Vgl. Anmerk. 2 zu § 105.

§ 124 a.[1]) Außer den in §§ 123 und 124 bezeichneten Fällen kann jeder der beiden Theile aus wichtigen Gründen vor Ablauf der vertragsmäßigen Zeit und ohne Innehaltung einer Kündigungsfrist die Aufhebung des Arbeitsverhältnisses verlangen, wenn dasselbe mindestens auf vier Wochen oder wenn eine längere als vierzehntägige Kündigungsfrist vereinbart ist.

1) Vgl. Anmerk. 2 zu § 105.

§ 124b.[1]) Hat ein Geselle oder Gehülfe rechtswidrig die Arbeit verlassen, so kann der Arbeitgeber als Entschädigung für den Tag des Vertragsbruchs und jeden folgenden Tag der vertragsmäßigen oder gesetzlichen Arbeitszeit, höchstens aber für eine Woche, den Betrag des ortsüblichen Tagelohnes (§ 8 des Krankenversicherungsgesetzes vom 15. Juni 1883, Reichs-Gesetzbl. S. 73) fordern. Diese Forderung ist an den Nachweis eines Schadens nicht gebunden. Durch ihre Geltendmachung wird der Anspruch auf Erfüllung des Vertrages und auf weiteren Schadenersatz ausgeschlossen. Dasselbe Recht steht dem Gesellen oder Gehülfen gegen den Arbeitgeber zu, wenn er von diesem vor rechtmäßiger Beendigung des Arbeitsverhältnisses entlassen worden ist.

1) Vgl. Anmerk. 2 zu § 105.

§ 125.[1]) Ein Arbeitgeber, welcher einen Gesellen oder Gehülfen verleitet, vor rechtmäßiger Beendigung des Arbeitsverhältnisses die Arbeit zu verlassen, ist dem früheren Arbeitgeber für den entstandenen Schaden oder den nach § 124b an die Stelle des Schadenersatzes tretenden Betrag als Selbstschuldner mitverhaftet. In gleicher Weise haftet ein Arbeitgeber, welcher einen Gesellen oder Gehülfen annimmt, von dem er weiß, daß derselbe einem anderen Arbeitgeber zur Arbeit noch verpflichtet ist.

In dem im vorstehenden Absatz bezeichneten Umfang ist auch derjenige Arbeitgeber mitverhaftet, welcher einen Gesellen oder Gehülfen, von dem er weiß, daß derselbe einem anderen Arbeitgeber zur Arbeit noch verpflichtet ist, während der Dauer dieser Verpflichtung in der Beschäftigung behält, sofern nicht seit der unrechtmäßigen Lösung des Arbeitsverhältnisses bereits vierzehn Tage verflossen sind.

Den Gesellen und Gehülfen stehen im Sinne der vorstehenden Bestimmungen die im § 119b bezeichneten Personen gleich.

1) Vgl. Anmerk. 2 zu § 105.

III. Lehrlingsverhältnisse.

§ 126.[1])[2]) Der Lehrherr ist verpflichtet, den Lehrling in den bei seinem Betriebe vorkommenden Arbeiten des Gewerbes in der durch den Zweck der Ausbildung gebotenen Reihenfolge und Ausdehnung zu unterweisen. Er muß entweder selbst oder durch einen geeigneten, ausdrücklich dazu bestimmten Vertreter die Ausbildung des Lehrlings leiten. Er darf dem Lehrling die zu seiner Ausbildung und zum Besuche des Gottesdienstes an Sonn- und Festtagen erforderliche Zeit und Gelegenheit durch Verwendung zu anderen Dienstleistungen nicht entziehen. Er hat den

Lehrling zur Arbeitsamkeit und zu guten Sitten anzuhalten und vor Ausschweifungen zu bewahren.

1) Vgl. Anmerk. 2 zu § 105. 2) Wegen der Strafbestimmung siehe § 148 Abs. 1 Ziff. 9.

§ 127.[1]) Der Lehrling ist der väterlichen Zucht des Lehrherrn unterworfen. Demjenigen gegenüber, welcher an Stelle des Lehrherrn seine Ausbildung zu leiten hat, ist er zur Folgsamkeit verpflichtet.

1) Vgl. Anmerk. 2 zu § 105.

§ 128.[1]) Das Lehrverhältniß kann, wenn eine längere Frist nicht vereinbart ist, während der ersten vier Wochen nach Beginn der Lehrzeit durch einseitigen Rücktritt aufgelöst werden. Eine Vereinbarung, wonach diese Probezeit mehr als drei Monate betragen soll, ist nichtig.

Nach Ablauf der Probezeit kann der Lehrling vor Beendigung der verabredeten Lehrzeit entlassen werden, wenn einer der im § 123 vorgesehenen Fälle auf ihn Anwendung findet.

Von Seiten des Lehrlings kann das Lehrverhältniß nach Ablauf der Probezeit aufgelöst werden:

1. wenn einer der im § 124 unter Nr. 1, 3 bis 5 vorgesehenen Fälle vorliegt;
2. wenn der Lehrherr seine gesetzlichen Verpflichtungen gegen den Lehrling in einer die Gesundheit, die Sittlichkeit oder die Ausbildung des Lehrlings gefährdenden Weise vernachlässigt, oder das Recht der väterlichen Zucht mißbraucht, oder zur Erfüllung der ihm vertragsmäßig obliegenden Verpflichtungen unfähig wird.

Der Lehrvertrag wird durch den Tod des Lehrlings aufgehoben. Durch den Tod des Lehrherrn gilt der Lehrvertrag als aufgehoben, sofern die Aufhebung innerhalb vier Wochen geltend gemacht wird.

Schriftliche Lehrverträge sind stempelfrei.

1) Vgl. Anmerk. 2 zu § 105.

§ 129.[1])[2]) Bei Beendigung des Lehrverhältnisses hat der Lehrherr dem Lehrling unter Angabe des Gewerbes, in welchem der Lehrling unterwiesen worden ist, über die Dauer der Lehrzeit und die während derselben erworbenen Kenntnisse und Fertigkeiten, sowie über sein Betragen ein Zeugniß auszustellen, welches von der Gemeindebehörde[3]) kosten- und stempelfrei zu beglaubigen ist.

An Stelle dieser Zeugnisse können, wo Innungen oder andere Vertretungen der Gewerbtreibenden bestehen, die von diesen ausgestellten Lehrbriefe treten.

1) Vgl. Anmerk. 2 zu § 105. 2) Wegen der Strafbestimmung siehe § 148 Abs. 1 Ziff. 9. 3) Während im Falle des § 113 die Polizeibehörde die Beglaubigung vornimmt, liegt dieselbe im Falle des vorliegenden § der Gemeindebehörde ob.

§ 130.[1]) Verläßt der Lehrling in einem durch dies Gesetz nicht vorgesehenen Falle ohne Zustimmung des Lehrherrn die Lehre, so kann letzterer den Anspruch auf Rückkehr des Lehrlings nur geltend machen, wenn der Lehrvertrag schriftlich geschlossen ist. Die Polizeibehörde kann in diesem Falle auf Antrag des Lehrherrn den Lehrling anhalten, solange in der Lehre zu verbleiben, als durch gerichtliches Urtheil das Lehrverhältniß nicht für aufgelöst erklärt ist. Der Antrag ist nur zulässig, wenn er binnen einer Woche nach dem Austritt des Lehrlings gestellt ist. Im Falle der Weigerung kann die Polizeibehörde den Lehrling zwangsweise zurückführen lassen, oder durch Androhung von Geldstrafe bis zu fünfzig Mark oder Haft bis zu fünf Tagen zur Rückkehr ihn anhalten.

1) Vgl. Anmerk. 2 zu § 105.

§ 131.[1]) Wird von dem Vater oder Vormund für den Lehrling oder, sofern der letztere großjährig ist, von ihm selbst dem Lehrherrn die schriftliche Erklärung abgegeben, daß der Lehrling zu einem anderen Gewerbe oder anderen Berufe übergehen werde, so gilt das Lehrverhältniß, wenn der Lehrling nicht früher entlassen wird, nach Ablauf von vier Wochen als aufgelöst. Den Grund der Auflösung hat der Lehrherr in dem Arbeitsbuche zu vermerken.

Binnen neun Monaten nach der Auflösung darf der Lehrling in demselben Gewerbe von einem anderen Arbeitgeber ohne Zustimmung des früheren Lehrherrn nicht beschäftigt werden.[2])

1) Vgl. Anmerk. 2 zu § 105. 2) Wegen der Strafbestimmung siehe § 148 Abs. 1 Ziff. 10

§ 132.[1]) Erreicht das Lehrverhältniß vor Ablauf der verabredeten Lehrzeit sein Ende, so kann von dem Lehrherrn oder von dem Lehrling ein Anspruch auf Entschädigung nur geltend gemacht werden, wenn der Lehrvertrag schriftlich geschlossen ist. In den Fällen des § 128 Absatz 1 und 4 kann der Anspruch nur geltend gemacht werden, wenn dieses in dem Lehrvertrage unter Festsetzung der Art und Höhe der Entschädigung vereinbart ist.

Der Anspruch auf Entschädigung erlischt, wenn er nicht innerhalb vier Wochen nach Auflösung des Lehrverhältnisses im Wege der Klage oder Einrede geltend gemacht ist.

1) Vgl. Anmerk. 2 zu § 105.

§ 133.[1]) Ist von dem Lehrherrn das Lehrverhältniß aufgelöst worden, weil der Lehrling die Lehre unbefugt verlassen hat, so ist die von dem Lehrherrn beanspruchte Entschädigung, wenn in dem Lehrvertrage ein Anderes nicht ausbedungen ist, auf einen Betrag festzusetzen, welcher für jeden auf den Tag des Vertragsbruchs folgenden Tag der Lehrzeit, höchstens aber für sechs Monate, bis auf die Hälfte des in dem Gewerbe des Lehrherrn den Gesellen oder Gehülfen ortsüblich gezahlten Lohnes sich belaufen darf.

Für die Zahlung der Entschädigung sind als Selbstschuldner mitverhaftet der Vater des Lehrlings sowie derjenige Arbeitgeber, welcher den Lehrling zum Verlassen der Lehre verleitet oder welcher ihn in Arbeit genommen hat, obwohl er wußte, daß der Lehrling zur Fortsetzung eines Lehrverhältnisses noch verpflichtet war. Hat der Entschädigungsberechtigte erst nach Auflösung des Lehrverhältnisses von der Person des Arbeitgebers, welcher den Lehrling verleitet oder in Arbeit genommen hat, Kenntniß erhalten, so erlischt gegen diese der Entschädigungsanspruch erst, wenn derselbe nicht innerhalb vier Wochen nach erhaltener Kenntniß geltend gemacht ist.

1) Vgl. Anmerk. 2 zu § 105.

IIIa. Verhältnisse der Betriebsbeamten, Werkmeister, Techniker.

§ 133a.[1]) Das Dienstverhältniß der von Gewerbeunternehmern gegen feste Bezüge beschäftigten Personen, welche nicht lediglich vorübergehend mit der Leitung oder Beaufsichtigung des Betriebes oder einer Abtheilung desselben beauftragt (Betriebsbeamte, Werkmeister und ähnliche Angestellte) oder mit höheren technischen Dienstleistungen betraut sind (Maschinentechniker, Bautechniker, Chemiker, Zeichner und dergleichen), kann, wenn nicht etwas Anderes verabredet ist, von jedem Theile mit Ablauf jedes Kalendervierteljahres nach sechs Wochen vorher erklärter Aufkündigung aufgehoben werden.

1) Vgl. Anmerk. 2 zu § 105.

§ 133b.[1]) Jeder der beiden Theile kann vor Ablauf der vertragsmäßigen Zeit und ohne Innehaltung einer Kündigungsfrist die Aufhebung des Dienstverhältnisses verlangen, wenn ein wichtiger, nach den Umständen des Falles die Aufhebung rechtfertigender Grund vorliegt.

1) Vgl. Anmerk. 2 zu § 105.

§ 133c.[1]) Gegenüber den im § 133a bezeichneten Personen kann die Aufhebung des Dienstverhältnisses insbesondere verlangt werden:

1. wenn sie beim Abschluß des Dienstvertrages den Arbeitgeber durch Vorbringung falscher oder verfälschter Zeugnisse hintergangen oder ihn über das Bestehen eines anderen, sie gleichzeitig verpflichtenden Dienstverhältnisses in einen Irrthum versetzt haben;
2. wenn sie im Dienste untreu sind oder das Vertrauen mißbrauchen;
3. wenn sie ihren Dienst unbefugt verlassen oder den

nach dem Dienstvertrage ihnen obliegenden Verpflichtungen nachzukommen, beharrlich verweigern;
4. wenn sie durch anhaltende Krankheit oder durch eine längere Freiheitsstrafe oder Abwesenheit an der Verrichtung ihrer Dienste verhindert werden;
5. wenn sie sich Thätlichkeiten oder Ehrverletzungen gegen den Arbeitgeber oder seinen Vertreter zu Schulden kommen lassen;
6. wenn sie sich einem unsittlichen Lebenswandel ergeben.

In dem Falle zu 4 bleibt der Anspruch auf die vertragsmäßigen Leistungen des Arbeitgebers für die Dauer von sechs Wochen in Kraft, wenn die Verrichtung der Dienste durch unverschuldetes Unglück verhindert worden ist. Jedoch mindern sich die Ansprüche in diesem Falle um denjenigen Betrag, welcher dem Berechtigten aus einer auf Grund gesetzlicher Verpflichtung bestehenden Krankenversicherung oder Unfallversicherung zukommt.

1) Vgl. Anmerk. 2 zu § 105.

§ 133d.[1]) Die im § 133a bezeichneten Personen können die Auflösung des Dienstverhältnisses insbesondere verlangen:

1. wenn der Arbeitgeber oder seine Vertreter sich Thätlichkeiten oder Ehrverletzungen gegen sie zu Schulden kommen lassen;
2. wenn der Arbeitgeber die vertragsmäßigen Leistungen nicht gewährt;
3. wenn bei Fortsetzung des Dienstverhältnisses ihr Leben oder ihre Gesundheit einer erweislichen Gefahr ausgesetzt sein würde, welche bei Eingehung des Dienstverhältnisses nicht zu erkennen war.

1) Vgl. Anmerk. 2 zu § 105.

§ 133e.[1]) Auf die im § 133a bezeichneten Personen finden die Bestimmungen der §§ 124b und 125 Anwendung, dagegen nicht die Bestimmungen des § 119a.

1) Vgl. Anmerk. 2 zu § 105.

IV. Verhältnisse der Fabrikarbeiter.

§ 134.[1]) Auf Fabrikarbeiter finden die Bestimmungen der §§ 121 bis 125 oder, wenn die Fabrikarbeiter als Lehrlinge anzusehen sind, die Bestimmungen der §§ 126 bis 133 Anwendung.

Den Unternehmern von Fabriken, in welchen in der Regel mindestens zwanzig Arbeiter beschäftigt werden, ist untersagt, für den Fall der rechtswidrigen Auflösung des Arbeitsverhältnisses durch den Arbeiter die Verwirkung des rückständigen Lohnes über den Betrag des durchschnittlichen Wochenlohnes hinaus auszubedingen. Auf die Arbeitgeber und Arbeiter in solchen Fabriken finden die Bestimmungen des § 124 b keine Anwendung.

1) Nach § 154 finden die Bestimmungen der §§ 134 bis 139b auf Arbeitgeber und Arbeiter in Hüttenwerken, in Zimmerplätzen und anderen Bauhöfen, in Werften, sowie in solchen Ziegeleien, über Tage betriebenen Brüchen und Gruben, welche nicht blos vorübergehend oder in geringem Umfange betrieben werden, entsprechende Anwendung.

§ 134a.[1])[2]) Für jede Fabrik, in welcher in der Regel mindestens zwanzig Arbeiter beschäftigt werden, ist innerhalb vier Wochen nach Inkrafttreten dieses Gesetzes oder nach der Eröffnung des Betriebes eine Arbeitsordnung zu erlassen. Für die einzelnen Abtheilungen des Betriebes oder für die einzelnen Gruppen der Arbeiter können besondere Arbeitsordnungen erlassen werden. Der Erlaß erfolgt durch Aushang (§ 134e Absatz 2).

Die Arbeitsordnung muß den Zeitpunkt, mit welchem sie in Wirksamkeit treten soll, angeben und von demjenigen, welcher sie erläßt, unter Angabe des Datums unterzeichnet sein.

Abänderungen ihres Inhalts können nur durch den Erlaß von Nachträgen oder in der Weise erfolgen, daß an Stelle der bestehenden eine neue Arbeitsordnung erlassen wird.

Die Arbeitsordnungen und Nachträge zu denselben treten frühestens zwei Wochen nach ihrem Erlaß in Geltung.

1) Vgl. Anmerk. 1 zu § 134. 2) Wegen der Strafbestimmung siehe § 147 Abs. 1 Ziff. 5.

§ 134b.[1][2]) Die Arbeitsordnung muß Bestimmungen enthalten:

1. über Anfang und Ende der regelmäßigen täglichen Arbeitszeit, sowie der für die erwachsenen Arbeiter vorgesehenen Pausen;
2. über Zeit und Art der Abrechnung und Lohnzahlung;
3. sofern es nicht bei den gesetzlichen Bestimmungen bewenden soll, über die Frist der zulässigen Aufkündigung, sowie über die Gründe, aus welchen die Entlassung und der Austritt aus der Arbeit ohne Aufkündigung erfolgen darf;
4. sofern Strafen vorgesehen, werden, über die Art und Höhe derselben, über die Art ihrer Festsetzung und, wenn sie in Geld bestehen, über deren Einziehung und über den Zweck, für welchen sie verwendet werden sollen;
5. sofern die Verwirkung von Lohnbeträgen nach Maßgabe der Bestimmung des § 134 Absatz 2 durch Arbeitsordnung oder Arbeitsvertrag ausbedungen wird, über die Verwendung der verwirkten Beträge.

Strafbestimmungen, welche das Ehrgefühl oder die guten Sitten verletzen, dürfen in die Arbeitsordnung nicht aufgenommen werden. Geldstrafen dürfen die Hälfte des durchschnittlichen Tagesarbeitsverdienstes nicht übersteigen; jedoch können Thätlichkeiten gegen Mitarbeiter, erhebliche Verstöße gegen die guten Sitten, sowie gegen die zur Aufrechthaltung der Ordnung des Betriebes, zur Sicherung eines gefahrlosen Betriebes oder zur Durchführung der Bestimmungen der Gewerbeordnung erlassenen Vorschriften mit Geldstrafen bis zum vollen Betrage des durchschnittlichen Tagesarbeitsverdienstes belegt werden. Alle Strafgelder müssen zum Besten der Arbeiter der Fabrik verwendet werden. Das Recht des Arbeitsgebers, Schadensersatz zu fordern, wird durch diese Bestimmung nicht berührt.

Dem Besitzer der Fabrik bleibt überlassen, neben den im Absatz 1 unter 1 bis 4 bezeichneten, noch weitere die

Ordnung des Betriebes und das Verhalten der Arbeiter im Betriebe betreffende Bestimmungen in die Arbeitsordnung aufzunehmen. Mit Zustimmung eines ständigen Arbeiterausschusses können in die Arbeitsordnung Vorschriften über das Verhalten der Arbeiter bei Benutzung der zu ihrem Besten getroffenen mit der Fabrik verbundenen Einrichtungen, sowie Vorschriften über das Verhalten der minderjährigen Arbeiter außerhalb des Betriebes aufgenommen werden.

1) Vgl. Anmerk. 1 zu § 134. 2) Wegen der Strafbestimmung siehe § 148 Abs. 1 Ziff. 11.

§ 134 c.[1]) Der Inhalt der Arbeitsordnung ist, soweit er den Gesetzen nicht zuwiderläuft, für die Arbeitgeber und Arbeiter rechtsverbindlich.

Andere als die in der Arbeitsordnung oder in den §§ 123 und 124 vorgesehenen Gründe der Entlassung und des Austritts aus der Arbeit dürfen im Arbeitsvertrage nicht vereinbart werden. Andere als die in der Arbeitsordnung vorgesehenen Strafen dürfen über den Arbeiter nicht verhängt werden. Die Strafen müssen ohne Verzug festgesetzt und dem Arbeiter zur Kenntniß gebracht werden.[2])

Die verhängten Geldstrafen sind in ein Verzeichniß einzutragen, welches den Namen des Bestraften, den Tag der Bestrafung, sowie den Grund und die Höhe der Strafe ergeben und auf Erfordern dem im § 139b bezeichneten Beamten jederzeit zur Einsicht vorgelegt werden muß.[2])

1) Vgl. Anmerk. 1 zu § 134. 2) Wegen der Strafbestimmung siehe § 148 Abs. 1 Ziff. 11, § 149 Abs. 1 Ziff. 7, § 150 Abs. 1 Ziff. 5.

§ 134 d.[1]) Vor dem Erlaß der Arbeitsordnung oder eines Nachtrags zu derselben ist in den der Fabrik oder in den betreffenden Abtheilungen des Betriebes beschäftigten großjährigen Arbeitern Gelegenheit zu geben, sich über den Inhalt derselben zu äußern.

Für Fabriken, für welche ein ständiger Arbeiterausschuß besteht, wird dieser Vorschrift durch Anhörung des Ausschusses über den Inhalt der Arbeitsordnung genügt.

1) Vgl. Anmerk. 1 zu § 134.

§ 134e.[1][2]) Die Arbeitsordnung, sowie jeder Nachtrag zu derselben ist unter Mittheilung der seitens der Arbeiter geäußerten Bedenken, soweit die Aeußerungen schriftlich oder zu Protokoll erfolgt sind, binnen drei Tagen nach dem Erlaß in zwei Ausfertigungen unter Beifügung der Erklärung, daß und in welcher Weise der Vorschrift des § 134d genügt ist, der unteren Verwaltungsbehörde einzureichen.

Die Arbeitsordnung ist an geeigneter, allen betheiligten Arbeitern zugänglicher Stelle auszuhängen. Der Aushang muß stets in lesbarem Zustande erhalten werden. Die Arbeitsordnung ist jedem Arbeiter bei seinem Eintritt in die Beschäftigung zu behändigen.

1) Vgl. Anmerk. 1 zu § 134. 2) Wegen der Strafbestimmung siehe § 148 Abs. 1 Ziff. 12.

§ 134f.[1][2]) Arbeitsordnungen und Nachträge zu denselben, welche nicht vorschriftsmäßig erlassen sind, oder deren Inhalt den gesetzlichen Bestimmungen zuwiderläuft, sind auf Anordnung der unteren Verwaltungsbehörde durch gesetzmäßige Arbeitsordnungen zu ersetzen oder den gesetzlichen Vorschriften entsprechend abzuändern.

Gegen diese Anordnung findet binnen zwei Wochen die Beschwerde an die höhere Verwaltungsbehörde statt.

1) Vgl. Anmerk. 1 zu § 134. 2) Wegen der Strafbestimmung siehe § 147 Abs. 1 Ziff. 5.

§ 134g.[1][2]) Arbeitsordnungen, welche vor dem Inkrafttreten dieses Gesetzes erlassen worden sind, unterliegen den Bestimmungen der §§ 134a bis 134c, 134e Absatz 2, 134f und sind binnen vier Wochen der unteren Verwaltungsbehörde in zwei Ausfertigungen einzureichen. Auf spätere Abänderungen dieser Arbeitsordnungen und auf die seit dem 1. Januar 1891 erstmalig erlassenen Arbeitsordnungen finden die §§ 134d und 134e Absatz 1 Anwendung.

1) Vgl. Anmerk. 1 zu § 134. 2) Wegen der Strafbestimmung siehe § 148 Abs. 1 Ziff. 12.

§ 134h. Als ständige Arbeiterausschüsse im Sinne der §§ 134b Absatz 3 und 134d gelten nur:

1. diejenigen Vorstände der Betriebs- (Fabrik-) Krankenkassen oder anderer für die Arbeiter der Fabrik bestehender Kasseneinrichtungen, deren Mitglieder in ihrer Mehrheit von den Arbeitern aus ihrer Mitte zu wählen sind, sofern sie als ständige Arbeiterausschüsse bestellt werden;
2. die Knappschaftsältesten von Knappschaftsvereinen, welche die nicht den Bestimmungen der Berggesetze unterstehenden Betriebe eines Unternehmers umfassen, sofern sie als ständige Arbeiterausschüsse bestellt werden;
3. die bereits vor dem 1. Januar 1891 errichteten ständigen Arbeiterausschüsse, deren Mitglieder in ihrer Mehrzahl von den Arbeitern aus ihrer Mitte gewählt werden;
4. solche Vertretungen, deren Mitglieder in ihrer Mehrzahl von den volljährigen Arbeitern der Fabrik oder der betreffenden Betriebsabtheilung aus ihrer Mitte in unmittelbarer und geheimer Wahl gewählt werden. Die Wahl der Vertreter kann auch nach Arbeiterklassen oder nach besonderen Abtheilungen des Betriebes erfolgen.

1) Vgl. Anmerk. 1 zu § 134.

§ 135.[1][2][3]) Kinder unter dreizehn Jahren dürfen in Fabriken nicht beschäftigt werden. Kinder über dreizehn Jahre dürfen in Fabriken nur beschäftigt werden, wenn sie nicht mehr zum Besuche der Volksschule verpflichtet sind.

Die Beschäftigung von Kindern unter vierzehn Jahren darf die Dauer von sechs Stunden täglich nicht überschreiten.

Junge Leute zwischen vierzehn und sechzehn Jahren dürfen in Fabriken nicht länger als zehn Stunden täglich beschäftigt werden.

1) Vgl. Anmerk. 1 zu § 134 und Anmerk. 12 zu § 115. Ferner finden die Bestimmungen der §§ 135 bis 139 b auf Arbeitgeber und Arbeiter in Werkstätten, in welchen durch elementare Kraft bewegte Triebwerke nicht blos vorübergehend nach § 154 mit der Maßgabe entsprechende Anwendung, daß der Bundesrath für gewisse Arten von Betrieben Ausnahme von den in §§ 135 Abs. 2 und 3, 136,

137 Abs. 1 bis 3 und 138 vorgesehenen Bestimmungen nachlassen kann 2) Wegen der Strafbestimmung siehe § 146 Abs. 1 Ziff. 2. 3) Bei einem größeren Gewerbebetriebe ist die Frage, ob der Gewerbetreibende als Fabrikant und die Werkstätte als Fabrik anzusehen ist, nicht blos nach dem Umfange des Gewerbes, sondern auch nach den anderen konkreten Umständen, z. B. Arbeitsvertheilung, Benutzung von Naturkräften ꝛc. zu entscheiden. Vgl. Entsch. des Reichsgerichts vom 20. Juni 1884 (R. VI 447, E. X. 433). Unter einem Fabrikarbeiter versteht die Gewerbeordnung jeden Arbeiter, der in dem die Fabrik bildenden Etablissement Arbeiten verrichtet, und deckt sich der Begriff eines „in der Fabrik Beschäftigten" im Wesentlichen mit dem des „Fabrikarbeiters". Um einen Arbeiter als „in der Fabrik beschäftigt" anzusehen, ist es nicht erforderlich, daß die ihm übertragene Arbeit in den inneren Räumen der Fabrik vorgenommen wird, und kann auch eine zum Fabrikbetriebe gehörige Arbeit im Freien als Fabrikarbeit betrachtet werden. Vgl. Entsch. des Reichsgerichts vom 10. Dezember 1883 (E. IX 264). Vorausgesetzt wird aber immer, daß die Beschäftigung innerhalb des die Fabrik bildenden Etablissements erfolgt. Vgl. Entsch. des Reichsgerichts vom 18. September 1888 (R. X 494).

§ 136.[1][2]) Die Arbeitsstunden der jugendlichen Arbeiter (§ 135) dürfen nicht vor fünfeinhalb Uhr Morgens beginnen und nicht über achteinhalb Uhr Abends dauern. Zwischen den Arbeitsstunden müssen an jedem Arbeitstage regelmäßige Pausen gewährt werden. Für jugendliche Arbeiter, welche nur sechs Stunden täglich beschäftigt werden, muß die Pause mindestens eine halbe Stunde betragen. Den übrigen jugendlichen Arbeitern muß mindestens Mittags eine einstündige, sowie Vormittags und Nachmittags je eine halbstündige Pause gewährt werden.

Während der Pausen darf den jugendlichen Arbeitern eine Beschäftigung in dem Fabrikbetriebe überhaupt nicht und der Aufenthalt in den Arbeitsräumen nur dann gestattet werden, wenn in denselben diejenigen Theile des Betriebes, in welchen jugendliche Arbeiter beschäftigt sind, für die Zeit der Pausen völlig eingestellt werden oder wenn der Aufenthalt im Freien nicht thunlich und andere geeignete Aufenthaltsräume ohne unverhältnißmäßige Schwierigkeiten nicht beschafft werden können.

An Sonn- und Festtagen, sowie während der von dem ordentlichen Seelsorger für den Katechumenen- und

Konfirmanden-, Beicht- und Kommunionunterricht bestimmten Stunden dürfen jugendliche Arbeiter nicht beschäftigt werden.

1) Vgl. Anmerk. 1 zu § 135. 2) Wegen der Strafbestimmung siehe § 146 Abs. 1 Ziff. 2. 3) Durch Erlaß von Anordnungen wegen Einhaltung der Arbeitspausen seitens jugendlicher Arbeiter ist der Fabrikherr nicht unbedingt gegen Bestrafung geschützt, sondern er ist auch verpflichtet, die Befolgung der Anordnungen zu überwachen, wenn auch die Nichtbefolgung im Einzelfalle eine ihm nicht zur Last fallende sein kann, wie überhaupt seine Strafbarkeit nicht schon durch die Thatsache der Nichtbeobachtung der Pausen begründet wird, indem vielmehr noch ein schuldhaftes Verhalten seinerseits hinzukommen muß. Vgl. Entsch. des Reichsgerichts vom 27. März 1884 (R. VI 236) und vom 30. September 1887 (R. IX 486 E. XVI 267).

§ 137. [1] [2] Arbeiterinnen dürfen in Fabriken [3] nicht in der Nachtzeit von achteinhalb Uhr Abends bis fünfeinhalb Uhr Morgens und am Sonnabend, sowie an Vorabenden der Festtage nicht nach fünfeinhalb Uhr Nachmittags beschäftigt werden.

Die Beschäftigung von Arbeiterinnen über sechszehn Jahre darf die Dauer von elf Stunden täglich, an den Vorabenden der Sonn- und Festtage von zehn Stunden nicht überschreiten.

Zwischen den Arbeitsstunden muß den Arbeiterinnen eine mindestens einstündige Mittagspause gewährt werden.

Arbeiterinnen über sechszehn Jahre, welche ein Hauswesen zu besorgen haben, sind auf ihren Antrag eine halbe Stunde vor der Mittagspause zu entlassen, sofern diese nicht mindestens ein und eine halbe Stunde beträgt.

Wöchnerinnen dürfen während vier Wochen nach ihrer Niederkunft überhaupt nicht und während der folgenden zwei Wochen nur beschäftigt werden, wenn das Zeugniß eines approbirten Arztes dies für zulässig erklärt.

1) Vgl. Anmerk. 1 zu § 135. 2) Wegen der Strafvorschrift siehe § 146 Abs. 1 Ziff. 2. 3) Außerdem dürfen nach § 154a Arbeiterinnen in Bergwerken, Salinen, Aufbereitungsanstalten und unterirdisch betriebenen Brüchen oder Gruben nicht unter Tage beschäftigt werden.

§ 138. [1] [2] Sollen Arbeiterinnen oder jugendliche Arbeiter in Fabriken beschäftigt werden, so hat der Arbeitgeber vor dem Beginn der Beschäftigung der Ortspolizeibehörde eine schriftliche Anzeige zu machen.

In der Anzeige sind die Fabrik, die Wochentage, an welchen die Beschäftigung stattfinden soll, Beginn und Ende der Arbeitszeit und der Pausen, sowie die Art der Beschäftigung anzugeben. Eine Aenderung hierin darf, abgesehen von Verschiebungen, welche durch Ersetzung behinderter Arbeiter für einzelne Arbeitsschichten nothwendig werden, nicht erfolgen, bevor eine entsprechende weitere Anzeige der Behörde gemacht ist. In jeder Fabrik hat der Arbeitgeber dafür zu sorgen, daß in den Fabrikräumen, in welchen jugendliche Arbeiter beschäftigt werden, an einer in die Augen fallenden Stelle ein Verzeichniß der jugendlichen Arbeiter unter Angabe ihrer Arbeitstage, sowie des Beginns und Endes ihrer Arbeitszeit und der Pausen ausgehängt ist. Ebenso hat er dafür zu sorgen, daß in den betreffenden Räumen eine Tafel ausgehängt ist, welche in der von der Zentralbehörde zu bestimmenden Fassung und in deutlicher Schrift einen Auszug aus den Bestimmungen über die Beschäftigung von Arbeiterinnen und jugendlichen Arbeitern enthält.

1) Vgl. Anmerk. 1 zu § 135. 2) Wegen der Strafvorschrift siehe § 149 Abs. 1 Ziff. 7.

§ 138a.[1]) Wegen außergewöhnlicher Häufung der Arbeit kann auf Antrag des Arbeitgebers die untere Verwaltungsbehörde auf die Dauer von zwei Wochen die Beschäftigung von Arbeiterinnen über sechszehn Jahre bis zehn Uhr Abends an den Wochentagen außer Sonnabend unter der Voraussetzung gestatten, daß die tägliche Arbeitszeit dreizehn Stunden nicht überschreitet. Innerhalb eines Kalenderjahres darf die Erlaubniß einem Arbeitgeber für seinen Betrieb oder für eine Abtheilung seines Betriebes auf mehr als vierzig Tage nicht ertheilt werden.

Für eine zwei Wochen überschreitende Dauer kann die gleiche Erlaubniß nur von der höheren Verwaltungsbehörde und auch von dieser für mehr als vierzig Tage im Jahre nur dann ertheilt werden, wenn die Arbeitszeit für den

Betrieb oder die betreffende Abtheilung des Betriebes so geregelt wird, daß ihre tägliche Dauer im Durchschnitt der Betriebstage des Jahres die regelmäßige gesetzliche Arbeitszeit nicht überschreitet.

Der Antrag ist schriftlich zu stellen und muß den Grund, aus welchem die Erlaubniß beantragt wird, die Zahl der in Betracht kommenden Arbeiterinnen, das Maß der längeren Beschäftigung, sowie den Zeitraum angeben, für welchen dieselbe stattfinden soll. Der Bescheid der unteren Verwaltungsbehörde auf den Antrag ist binnen drei Tagen schriftlich zu ertheilen. Gegen die Versagung der Erlaubniß steht die Beschwerde an die vorgesetzte Behörde zu.

Die untere Verwaltungsbehörde hat über die Fälle, in welchen die Erlaubniß ertheilt worden ist, ein Verzeichniß zu führen, in welches der Name des Arbeitgebers und die für den schriftlichen Antrag vorgeschriebenen Angaben einzutragen sind.

Die untere Verwaltungsbehörde kann die Beschäftigung von Arbeiterinnen über sechszehn Jahre, welche kein Hauswesen zu besorgen haben und eine Fortbildungsschule nicht besuchen, bei den im § 105c Absatz 1 unter Ziffer 2 und 3 bezeichneten Arbeiten an Sonnabenden und Vorabenden von Festtagen Nachmittags nach fünfeinhalb Uhr, jedoch nicht über achteinhalb Uhr Abends hinaus, gestatten. Die Erlaubniß ist schriftlich zu ertheilen und vom Arbeitgeber zu verwahren.[2])

1) Vgl. Anmerk. 1 zu § 135. 2) Wegen der Strafvorschrift siehe § 149 Abs. 1 Ziff. 7.

§ 139.[1])[2]) Wenn Naturereignisse oder Unglücksfälle den regelmäßigen Betrieb einer Fabrik unterbrochen haben, so können Ausnahmen von den in §§ 135 Absatz 2 und 3, 136, 137 Absatz 1 bis 3 vorgesehenen Beschränkungen auf die Dauer von vier Wochen durch die höhere Verwaltungsbehörde, auf längere Zeit durch den Reichskanzler zugelassen werden. In dringenden Fällen solcher Art, sowie zur Verhütung von Unglücksfällen kann die untere Verwaltungsbehörde, jedoch höchstens auf die Dauer von vierzehn Tagen, solche Ausnahmen gestatten.

Wenn die Natur des Betriebes oder Rücksichten auf die Arbeiter in einzelnen Fabriken es erwünscht erscheinen lassen, daß die Arbeitszeit der Arbeiterinnen oder jugendlichen Arbeiter in einer anderen als der durch §§ 136 und 137 Absatz 1 und 3 vorgesehenen Weise geregelt wird, so kann auf besonderen Antrag eine anderweitige Regelung hinsichtlich der Pausen durch die höhere Verwaltungsbehörde, im Uebrigen durch den Reichskanzler gestattet werden. Jedoch dürfen in solchen Fällen die jugendlichen Arbeiter nicht länger als sechs Stunden beschäftigt werden, wenn zwischen den Arbeitsstunden nicht Pausen von zusammen mindestens einstündiger Dauer gewährt werden.

Die auf Grund vorstehender Bestimmungen zu treffenden Verfügungen müssen schriftlich erlassen werden.

1) Vgl. Anmerk. 1 zu § 135. 2) Wegen der Strafvorschrift siehe § 146 Abs. 1 Ziff. 2.

§ 139a.[1][2] Der Bundesrath ist ermächtigt:

1. die Verwendung von Arbeiterinnen, sowie von jugendlichen Arbeitern für gewisse Fabrikationszweige, welche mit besonderen Gefahren für Gesundheit oder Sittlichkeit verbunden sind, gänzlich zu untersagen oder von besonderen Bedingungen abhängig zu machen;
2. für Fabriken, welche mit ununterbrochenem Feuer betrieben werden, oder welche sonst durch die Art des Betriebes auf eine regelmäßige Tag- und Nachtarbeit angewiesen sind, sowie für solche Fabriken, deren Betrieb eine Eintheilung in regelmäßige Arbeitsschichten von gleicher Dauer nicht gestattet oder seiner Natur nach auf bestimmte Jahreszeiten beschränkt ist, Ausnahmen von den in §§ 135 Absatz 2 und 3, 136, 137 Absatz 1 bis 3 vorgesehenen Bestimmungen nachzulassen;
3. für gewisse Fabrikationszweige, soweit die Natur des Betriebes oder die Rücksicht auf die Arbeiter

es erwünscht erscheinen lassen, die Abkürzung oder den Wegfall der für jugendliche Arbeiter vorgeschriebenen Pausen zu gestatten;

4. für Fabrikationszweige, in denen regelmäßig zu gewissen Zeiten des Jahres ein vermehrtes Arbeitsbedürfniß eintritt, Ausnahmen von den Bestimmungen des § 137 Absatz 1 und 2 mit der Maßgabe zuzulassen, daß die tägliche Arbeitszeit dreizehn Stunden, an Sonnabenden zehn Stunden nicht überschreitet.

In den Fällen zu 2 darf die Dauer der wöchentlichen Arbeitszeit für Kinder sechsunddreißig Stunden, für junge Leute sechszig, für Arbeiterinnen fünfundsechszig, in Ziegeleien für junge Leute und Arbeiterinnen siebzig Stunden nicht überschreiten. Die Nachtarbeit darf in vierundzwanzig Stunden die Dauer von zehn Stunden nicht überschreiten und muß in jeder Schicht durch eine oder mehrere Pausen in der Gesammtdauer von mindestens einer Stunde unterbrochen sein. Die Tagschichten und Nachtschichten müssen wöchentlich wechseln.

In den Fällen zu 3 dürfen die jugendlichen Arbeiter nicht länger als sechs Stunden beschäftigt werden, wenn zwischen den Arbeitsstunden nicht eine oder mehrere Pausen von zusammen mindestens einstündiger Dauer gewährt werden.

In den Fällen zu 4 darf die Erlaubniß zur Ueberarbeit für mehr als vierzig Tage im Jahre nur dann ertheilt werden, wenn die Arbeitszeit so geregelt wird, daß ihre tägliche Dauer im Durchschnitt der Betriebstage des Jahres die regelmäßige gesetzliche Arbeitszeit nicht überschreitet.

Die durch Beschluß des Bundesraths getroffenen Bestimmungen sind zeitlich zu begrenzen und können auch für bestimmte Bezirke erlassen werden. Sie sind durch das Reichs-Gesetzblatt zu veröffentlichen und dem Reichstag bei seinem nächsten Zusammentritt zur Kenntnißnahme vorzulegen.

1) Vgl. Anmerk. 1 zu § 135. 2) Wegen der Strafvorschrift siehe § 146 Abs. 1 Ziff. 2.

V. Aufsicht.

§ 139 b.[1][2]) Die Aufsicht über die Ausführung der Bestimmungen der §§ 105 a, 105 b Absatz 1, 105 c bis 105 h, 120 a bis 120 e, 134 bis 139 a ist ausschließlich oder neben den ordentlichen Polizeibehörden besonderen von den Landesregierungen zu ernennenden Beamten zu übertragen.[3]) Denselben stehen bei Ausübung dieser Aufsicht alle amtlichen Befugnisse der Ortspolizeibehörden, insbesondere das Recht zur jederzeitigen Revision der Anlagen zu. Sie sind, vorbehaltlich der Anzeige von Gesetzwidrigkeiten, zur Geheimhaltung der amtlich zu ihrer Kenntniß gelangenden Geschäfts- und Betriebsverhältnisse der ihrer Revision unterliegenden Anlagen zu verpflichten.

Die Ordnung der Zuständigkeitsverhältnisse zwischen diesen Beamten und den ordentlichen Polizeibehörden bleibt der verfassungsmäßigen Regelung in den einzelnen Bundesstaaten vorbehalten.

Die erwähnten Beamten haben Jahresberichte über ihre amtliche Thätigkeit zu erstatten. Diese Jahresberichte oder Auszüge aus denselben sind dem Bundesrath und dem Reichstage vorzulegen.

Die auf Grund der Bestimmungen der §§ 105 a bis 105 h, 120 a bis 120 e, 134 bis 139 a auszuführenden amtlichen Revisionen müssen die Arbeitgeber zu jeder Zeit, namentlich auch in der Nacht, während des Betriebes gestatten.

Die Arbeitgeber sind ferner verpflichtet, den genannten Beamten oder der Polizeibehörde diejenigen statistischen Mittheilungen über die Verhältnisse ihrer Arbeiter zu machen, welche vom Bundesrath oder von der Landes-Zentralbehörde unter Festsetzung der dabei zu beobachtenden Fristen und Formen vorgeschrieben werden.

1) Vgl. Anmerk. 1 zu § 135. 2) Wegen der Strafvorschrift siehe § 149 Abs. 1 Ziff. 7. 3) Für Preußen: Allerhöchster Erlaß, betreffend die Anstellung von Regierungs- und Gewerberäthen und

die Organisation der Gewerbe-Inspektion. Vom 27. April 1891. (Gesetzsamml. Nr. 16, Seite 143, ausgegeben Berlin, den 27. Juni 1891).

Auf den Bericht des Staatsministeriums vom 23. April d. J. bestimme Ich, was folgt:

1. Den technischen Räthen der Regierung (D. V. c. der Kabinets-Ordre, betreffend eine Abänderung in der bisherigen Organisation der Provinzial-Verwaltungsbehörden, vom 31. Dezember 1825, Gesetz-Sammlung von 1826 Seite 5) treten gewerbetechnische Räthe hinzu. Diese haben zugleich die Geschäfte der in § 139b der Gewerbeordnung vorgesehenen Aufsichtsbeamten (Gewerbe-Inspektion) wahrzunehmen.
2. Zur Unterstützung der gewerbetechnischen Räthe in der Wahrnehmung der Gewerbe-Inspektion werden für bestimmte Bezirke gewerbetechnische Beamte angestellt, denen zugleich die Revision der Dampfkessel übertragen werden kann.
3. Die gewerbetechnischen Räthe werden von Mir auf Vorschlag des Ministers für Handel und Gewerbe ernannt und führen den Titel Regierungs- und Gewerberath mit dem Range in der IV. Klasse der Provinzialbeamten.
4. Die gewerbetechnischen Beamten für einzelne Bezirke (Nr. 2) werden in Meinem Namen von dem Minister für Handel und Gewerbe ernannt und führen den Titel Gewerbe-Inspektor mit dem Range in der V. Klasse der Provinzialbeamten.
5. Der Minister für Handel und Gewerbe wird ermächtigt, bei den Regierungen zur Vertretung oder Unterstützung der Regierungs- und Gewerberäthe Gewerbe-Inspektoren mit der amtlichen Stellung der Regierungs-Assessoren (D. V. d. der Kabinets-Ordre vom 31. Dezember 1825) anzustellen.
6. Die Amtsbezirke der Regierungs- und Gewerberäthe und der Gewerbe-Inspektoren werden von dem Minister für Handel und Gewerbe bestimmt.
7. Die Vorschriften über die Vorbildung und Prüfung der gewerbetechnischen Beamten sind auf Vorschlag des Ministers für Handel und Gewerbe vom Staatsministerium zu erlassen.

Dieser Erlaß ist seiner Zeit durch die Gesetz-Sammlung zu veröffentlichen.

Wilhelm.

Artikel 4.

Der Titel IX der Gewerbeordnung erhält folgende Fassung:

Titel IX.

Statutarische Bestimmungen.

§ 142. Statutarische Bestimmungen einer Gemeinde oder eines weiteren Kommunalverbandes können die ihnen durch das Gesetz überwiesenen gewerblichen Gegenstände mit verbindlicher Kraft ordnen. Dieselben werden nach Anhörung betheiligter Gewerbetreibender und Arbeiter abgefaßt, bedürfen der Genehmigung der höheren Verwaltungsbehörde und sind in der für Bekanntmachungen der Gemeinde oder des weiteren Kommunalverbandes vorgeschriebenen oder üblichen Form zu veröffentlichen.

Die Zentralbehörde ist befugt, statutarische Bestimmungen, welche mit den Gesetzen oder den statutarischen Bestimmungen des weiteren Kommunalverbandes in Widerspruch stehen, außer Kraft zu setzen.

Artikel 5.[1])

Der Absatz 2 des § 98a Nr. 2b der Gewerbeordnung erhält folgende Fassung:

b) die Ueberwachung der Beobachtung der in §§ 41a, 105a bis 105g, 120 bis 120e, 126, 127 vorgesehenen Bestimmungen durch die Innung.

1) Es lautet nunmehr der § 98a der Gewerbeordnung in der neuen Fassung, insoweit er hier in Betracht kommt:

98a. Die Aufgaben der Innung, die Einrichtung ihrer Verwaltung und die Rechtsverhältnisse ihrer Mitglieder werden, soweit das Gesetz darüber nicht bestimmt, durch das Innungsstatut geregelt. Dasselbe muß Bestimmung treffen: — —

2. über die Aufgaben der Innung, sowie über die dauernden Einrichtungen zur Erfüllung dieser Aufgaben; namentlich sind die nachfolgenden Verhältnisse des Lehrlingswesens zu regeln: — —

   b) die Ueberwachung der Beobachtung der in §§ 41a, 105a bis 105g, 120 bis 120e, 126, 127 vorgesehenen Bestimmungen durch die Innung. — —

Artikel 6.[1])

Die Strafbestimmungen des Titels X der Gewerbeordnung werden wie folgt abgeändert:

1. Die Ziffern 1, 2 und 3 des § 146 Absatz 1 erhalten folgende Fassung:

   1. Gewerbetreibende, welche dem § 115 zuwiderhandeln;
   2. Gewerbetreibende, welche den §§ 135, 136,

137 oder den auf Grund der §§ 139 und 139a getroffenen Verfügungen zuwiderhandeln;

3. Gewerbetreibende, welche den §§ 111 Absatz 3 und 113 Absatz 3 zuwiderhandeln.

2. Dem § 146 wird folgender Absatz beigefügt:

Der § 75 des Gerichtsverfassungsgesetzes findet Anwendung.

3. Hinter § 146 wird eingeschaltet:

§ 146a. Mit Geldstrafe bis zu sechshundert Mark, im Unvermögensfalle mit Haft wird bestraft, wer den §§ 105b bis 105g oder den auf Grund derselben erlassenen Anordnungen zuwider Arbeitern an Sonn- und Festtagen Beschäftigung giebt oder den §§ 41a und 55a, oder den auf Grund des § 105b Absatz 2 erlassenen statutarischen Bestimmungen zuwiderhandelt.

4. Die Ziffer 4 des § 147 Absatz 1 erhält folgende Fassung:

4. wer den auf Grund des § 120d endgültig erlassenen Verfügungen oder den auf Grund des § 120e erlassenen Vorschriften zuwiderhandelt.

5. Hinter Ziffer 4 des § 147 Absatz 1 wird eingeschaltet:

5. wer eine Fabrik betreibt, für welche eine Arbeitsordnung (§ 134a) nicht besteht, oder wer der endgültigen Anordnung der Behörde wegen Ersetzung oder Abänderung der Arbeitsordnung (§ 134f) nicht nachkommt.

6. Der § 147 erhält am Schlusse folgenden neuen Absatz:

In dem Falle zu 4 kann die Polizeibehörde bis zur Herstellung des der Verfügung oder der Vorschrift entsprechenden Zustandes die Einstellung des Betriebes, soweit derselbe durch die Verfügung oder die Vorschrift getroffen wird, anordnen, falls dessen Fortsetzung erhebliche Nachtheile oder Gefahren herbeizuführen geeignet sein würde.

7. Der § 148 Absatz 1 erhält folgende Zusätze:

11. wer der Bestimmung des § 134c Absatz 2 zu-

wider gegen Arbeiter Strafen verhängt, welche in der Arbeitsordnung nicht vorgesehen sind oder den gesetzlich zulässigen Betrag übersteigen, oder wer Strafgelder oder die im § 134b Nr. 5 bezeichneten Beträge in einer in der Arbeitsordnung nicht vorgesehenen Weise verwendet;

12. wer es unterläßt, der durch §§ 134e Absatz 1 und 134g für ihn begründeten Verpflichtung nachzukommen;

13. wer dem § 115a oder den auf Grund des § 119a erlassenen statutarischen Bestimmungen zuwiderhandelt.

8. Die Ziffer 7 des § 149 Absatz 1 erhält folgende Fassung:

7. wer es unterläßt, den durch §§ 105c Absatz 2, 134e Absatz 2, 138, 138a Absatz 5, 139b für ihn begründeten Verpflichtungen nachzukommen;

9. Die Ziffer 2 des § 150 erhält folgende Fassung:

2. wer außer dem im § 146 Ziffer 3 vorgesehenen Falle den Bestimmungen dieses Gesetzes in Ansehung der Arbeitsbücher zuwiderhandelt;

10. Der § 150 erhält folgende Zusätze:

4. wer den Bestimmungen des § 120 Absatz 1 oder einer auf Grund des § 120 Absatz 3 erlassenen statutarischen Bestimmung zuwiderhandelt;

5. wer es unterläßt, den durch § 134c Absatz 3 für ihn begründeten Verpflichtungen nachzukommen.

Landesgesetzliche Vorschriften gegen die Verletzung der Schulpflicht, nach welchen eine höhere Strafe eintritt, werden durch die Bestimmung unter Ziffer 4 nicht berührt.

11. Der Absatz 1 des § 151 erhält folgende Fassung:

Sind bei der Ausübung des Gewerbes polizeiliche Vorschriften von Personen übertreten worden, welche der Gewerbetreibende zur Leitung des Betriebes oder eines Theiles desselben oder zur Beaufsichtigung bestellt hatte, so trifft die Strafe diese letzteren. Der

Gewerbetreibende ist neben denselben strafbar, wenn die Uebertretung mit seinem Vorwissen begangen ist oder wenn er bei der nach den Verhältnissen möglichen eigenen Beaufsichtigung des Betriebes, oder bei der Auswahl oder der Beaufsichtigung der Betriebsleiter oder Aufsichtspersonen es an der erforderlichen Sorgfalt hat fehlen lassen.

1) Es lautet nunmehr der vollständige Titel X der Gewerbeordnung in der neuen Fassung: Strafbestimmungen.

§ 143. Die Berechtigung zum Gewerbebetriebe kann, abgesehen von den in den Reichsgesetzen vorgesehenen Fällen ihrer Entziehung, weder durch richterliche, noch administrative Entscheidung entzogen werden.

Ausnahmen von diesem Grundsatze, welche durch die Steuergesetze begründet sind, bleiben so lange aufrecht erhalten, als diese Steuergesetze in Kraft bleiben.

Die Bestimmungen der Landesgesetze, nach welchen die Befugniß zur Herausgabe von Druckschriften und zum Vertriebe derselben innerhalb des Reichsgebiets im Verwaltungswege entzogen werden darf, werden hierdurch aufgehoben.

§ 144. Inwiefern, abgesehen von den Vorschriften über die Entziehung des Gewerbebetriebes (§ 143), Zuwiderhandlungen der Gewerbetreibenden gegen ihre Berufspflichten außer den in diesem Gesetze erwähnten Fällen einer Strafe unterliegen, ist nach den darüber bestehenden Gesetzen zu beurtheilen.

Jedoch werden aufgehoben die für Medizinalpersonen bestehenden besonderen Bestimmungen, welche ihnen unter Androhung von Strafen einen Zwang zu ärztlicher Hülfe auferlegen.

§ 145. Für das Mindestmaß der Strafen, das Verhältniß von Geldstrafe zur Freiheitsstrafe, sowie für die Verjährung der in den §§ 146 und 153 verzeichneten Vergehen sind die Bestimmungen des Strafgesetzbuchs für das deutsche Reich maßgebend.

Die übrigen in diesem Titel mit Strafe bedrohten Handlungen verjähren binnen drei Monaten, von dem Tage an gerechnet, an welchem sie begangen sind.

§ 146. Mit Geldstrafe bis zu zweitausend Mark und im Unvermögensfalle mit Gefängniß bis zu sechs Monaten werden bestraft:

1. Gewerbetreibende, welche dem § 115 zuwiderhandeln;
2. Gewerbetreibende, welche den §§ 135, 136, 137 oder den auf Grund der §§ 139 und 139a getroffenen Verfügungen zuwiderhandeln;
3. Gewerbetreibende, welche den §§ 111 Absatz 3 und 113 Absatz 3 zuwiderhandeln;
4. wer § 56 Ziff. 6 zuwiderhandelt.

Die Geldstrafen fließen der im § 116 bezeichneten Kasse zu.

Der § 75 des Gerichtsverfassungsgesetzes findet Anwendung.

§ 146a. Mit Geldstrafe bis zu sechshundert Mark, im Unvermögensfalle mit Haft wird bestraft, wer den §§ 105b bis 105g oder den auf Grund derselben erlassenen Anordnungen zuwider Arbeitern an Sonn- und Festtagen Beschäftigung giebt oder den §§ 41a und 55a, oder den auf Grund des § 105b Absatz 2 erlassenen statutarischen Bestimmungen zuwiderhandelt.

§ 147. Mit Geldstrafe bis zu dreihundert Mark und im Unvermögensfalle mit Haft wird bestraft:

1. wer den selbstständigen Betrieb eines stehenden Gewerbes, zu dessen Beginn eine besondere polizeiliche Genehmigung (Konzession, Approbation, Bestallung) erforderlich ist, ohne die vorschriftsmäßige Genehmigung unternimmt oder fortsetzt, oder von den in der Genehmigung festgesetzten Bedingungen abweicht;

2. wer eine gewerbliche Anlage, zu der mit Rücksicht auf die Lage oder Beschaffenheit der Betriebsstätte oder des Lokals eine besondere Genehmigung erforderlich ist (§§ 16 und 24) ohne diese Genehmigung errichtet, oder die wesentlichen Bedingungen, unter welchen die Genehmigung ertheilt worden, nicht innehält, oder ohne neue Genehmigung eine wesentliche Veränderung der Betriebsstätte oder eine Verlegung des Lokals oder eine wesentliche Veränderung in dem Betriebe der Anlage vornimmt;

3. wer ohne hierzu approbirt zu sein, sich als Arzt (Wundarzt, Augenarzt, Geburtshelfer, Zahnarzt, Thierarzt) bezeichnet oder sich einen ähnlichen Titel beilegt, durch den der Glauben erweckt wird, der Inhaber desselben sei eine geprüfte Medizinalperson;

4. wer den auf Grund des § 120d endgültig erlassenen Verfügungen oder den auf Grund des § 120e erlassenen Vorschriften zuwiderhandelt;

5. wer eine Fabrik betreibt, für welche eine Arbeitsordnung (§ 134a) nicht besteht, oder wer der endgültigen Anordnung der Behörde wegen Ersetzung oder Abänderung der Arbeitsordnung (§ 134f) nicht nachkommt.

Enthält die Handlung zugleich eine Zuwiderhandlung gegen die Steuergesetze, so soll nicht außerdem noch auf eine Steuerstrafe erkannt werden, es ist aber darauf bei Zumessung der Strafe Rücksicht zu nehmen.

In dem Falle zu 2 kann die Polizeibehörde die Wegschaffung der Anlage oder die Herstellung des den Bedingungen entsprechenden Zustandes derselben anordnen.

In dem Falle zu 4 kann die Polizeibehörde bis zur Herstellung des der Verfügung oder der Vorschrift entsprechenden Zustandes die Einstellung des Betriebes, soweit derselbe durch die Verfügung oder Vorschrift getroffen wird, anordnen, falls dessen Fortsetzung erhebliche Nachtheile oder Gefahren herbeizuführen geeignet sein würde.

§ 148. Mit Geldstrafe bis zu einhundertfünfzig Mark und im Unvermögensfalle mit Haft bis zu vier Wochen wird bestraft:

1. wer außer den im § 147 vorgesehenen Fällen ein stehendes Gewerbe beginnt, ohne dasselbe vorschriftsmäßig anzuzeigen;

2. wer die im § 14 erforderte An- oder Abmeldung einer übernommenen Feuerversicherungsagentur unterläßt;

3. wer die im § 14 erforderte Anzeige über das Betriebslokal unterläßt;

4. wer der nach § 35 gegen ihn ergangenen Untersagung eines Gewerbebetriebes zuwiderhandelt, oder die im § 35 vorgeschriebene Anzeige unterläßt;

5. wer dem § 33b oder außer den im § 149 Ziffer 1 vorgesehenen Fällen den §§ 42a bis 44a zuwiderhandelt, oder seine Legitimationskarte (§ 44a) oder seinen Wandergewerbeschein (§ 55) einem Anderen zur Benutzung überläßt;

6. wer zum Zweck der Erlangung einer Legitimationskarte, eines Wandergewerbescheins oder der im § 62 vorgesehenen Erlaubniß in Bezug auf seine Person, oder die Personen, die er mit sich zu führen beabsichtigt, wissentlich unrichtige Angaben macht;

7. wer ein Gewerbe im Umherziehen ohne den gesetzlich erforderlichen Wandergewerbeschein, ingleichen wer eines der im § 59 Ziffer 1 bis 3 bezeichneten Gewerbe der nach § 59a ergangenen Untersagung zuwider betreibt;

7a. wer dem § 56 Absatz 1, Absatz 2 Ziffer 1 bis 5, 7 bis 9, Absatz 3, § 56a oder 56b zuwiderhandelt;

7b. wer den Vorschriften der §§ 56c, 60a, 60b Absatz 2 oder 60c Absatz 2 und 3 zuwiderhandelt;

7c. wer einer ihm in Gemäßheit des 60 Absatz 1, § 60b Absatz 1 oder des § 60d Absatz 3 in dem Wandergewerbescheine auferlegten Beschränkung zuwiderhandelt;

7d. wer bei dem Gewerbebetriebe im Umherziehen Kinder unter 14 Jahren zu gewerblichen Zwecken mit sich führt;

7e. ein Ausländer, welcher bei dem Gewerbebetriebe im Umherziehen den in Gemäßheit des § 56d vom Bundesrath getroffenen Bestimmungen zuwiderhandelt;

8. wer bei dem Betriebe seines Gewerbes die von der Obrigkeit vorgeschriebenen oder genehmigten Taxen überschreitet;

9. wer die gesetzlichen Pflichten gegen die ihm anvertrauten Lehrlinge verletzt;

10. wer wissentlich der Bestimmung im § 131 Absatz 2 zuwider einen Lehrling beschäftigt, oder wer einer auf Grund des § 100e Nr. 2 und 3 getroffenen Bestimmung zuwiderhandelt;

11. wer der Bestimmung des § 134c Absatz 2 zuwider gegen Arbeiter Strafen verhängt, welche in der Arbeitsordnung nicht vorgesehen sind oder den gesetzlich zulässigen Betrag übersteigen, oder

wer Strafgelder oder die im § 134b Nr. 5 bezeichneten Beträge in einer in der Arbeitsordnung nicht vorgesehenen Weise verwendet;

12. wer es unterläßt, den durch §§ 134e Absatz 1 und 134g für ihn begründeten Verpflichtungen nachzukommen;

13. wer dem § 115a oder den auf Grund des § 119a erlassenen statutarischen Bestimmungen zuwiderhandelt.

In allen diesen Fällen bleibt die Strafe ausgeschlossen, wenn die strafbare Handlung zugleich eine Zuwiderhandlung gegen die Steuergesetze enthält.

§ 149. Mit Geldstrafe bis zu dreißig Mark und im Unvermögensfalle mit Haft bis zu acht Tagen wird bestraft:

1. wer den im § 42b vorgesehenen Erlaubnißschein oder den im § 43 vorgesehenen Legitimationsschein während der Ausübung des Gewerbebetriebes nicht bei sich führt, oder den Bestimmungen des § 44a Absatz 2 zuwiderhandelt;

2. wer bei dem Gewerbebetriebe im Umherziehen dem letzten Absatz des § 56 oder dem § 60c Absatz 1 zuwiderhandelt;

3. wer ein Gewerbe im Umherziehen, für welches ihm ein auf einen bestimmten Bezirk lautender Wandergewerbeschein ertheilt ist, unbefugt in einem anderen Bezirke betreibt;

4. wer ein Gewerbe im Umherziehen mit anderen Waarengattungen oder unter Darbietung anderer Leistungen betreibt, als sein Wandergewerbeschein angiebt;

5. wer bei dem Gewerbebetriebe im Umherziehen unbefugt Personen mit sich führt, oder einen Gewerbetreibenden, zu welchem er nicht in dem Verhältnisse eines Ehegatten, Kindes oder Enkels steht, unbefugt begleitet;

6. wer den polizeilichen Anordnungen wegen des Marktverkehrs zuwiderhandelt;

7. wer es unterläßt, den durch §§ 105e Absatz 2, 134e Absatz 2, 138, 138a Absatz 5, 139b für ihn begründeten Verpflichtungen nachzukommen;

8. wer, ohne einer Innung als Mitglied anzugehören, sich als Innungsmeister bezeichnet.

Die Unterlassung einer durch das Gesetz oder durch Statuten vorgeschriebenen Anzeige über Innungsverhältnisse an die Behörden, sowie Unrichtigkeiten in einer solchen Anzeige werden gegen die Mitglieder des Vorstandes der Innung oder des Innungsverbandes mit der gleichen Strafe geahndet.

In allen diesen Fällen bleibt die Strafe ausgeschlossen, wenn die strafbare Handlung zugleich eine Zuwiderhandlung gegen die Steuergesetze enthält.

§ 150. Mit Geldstrafe bis zu zwanzig Mark und im Unvermögensfalle mit Haft bis zu drei Tagen wird bestraft:

1. wer den Bestimmungen der §§ 106 bis 112 zuwider einen Arbeiter in Beschäftigung nimmt oder behält;

2. wer außer dem im § 146 Ziffer 3 vorgesehenen Falle den Bestimmungen dieses Gesetzes in Ansehung der Arbeitsbücher zuwiderhandelt;

3. wer vorsätzlich ein auf seinen Namen ausgestelltes Arbeitsbuch unbrauchbar macht oder vernichtet;

4. wer den Bestimmungen des § 120 Absatz 1 oder einer auf Grund des § 120 Absatz 3 erlassenen statutarischen Bestimmung zuwiderhandelt;

5. wer es unterläßt, den durch § 134c Absatz 3 für ihn begründeten Verpflichtungen nachzukommen.

Landesgesetzliche Vorschriften gegen die Verletzung der Schulpflicht, nach welchen eine höhere Strafe eintritt, werden durch die Bestimmungen unter Ziffer 4 nicht berührt.

§ 151. Sind bei der Ausübung des Gewerbes polizeiliche Vorschriften von Personen übertreten worden, welche der Gewerbetreibende zur Leitung des Betriebes oder eines Theiles desselben oder zur Beaufsichtigung bestellt hatte, so trifft die Strafe diese letzteren. Der Gewerbetreibende ist neben denselben strafbar, wenn die Uebertretung mit seinem Vorwissen begangen ist oder wenn er bei der nach den Verhältnissen möglichen eigenen Beaufsichtigung des Betriebes, oder bei der Auswahl oder der Beaufsichtigung der Betriebsleiter oder Aufsichtspersonen es an der erforderlichen Sorgfalt hat fehlen lassen.

Ist an eine solche Uebertretung der Verlust der Konzession, Approbation oder Bestallung geknüpft, so findet dasselbe auch als Folge der von dem Stellvertreter begangenen Uebertretung statt, wenn diese mit Vorwissen des verfügungsfähigen Vertretenen begangen worden. Ist das nicht der Fall, so ist der Vertretene bei Verlust der Konzession, Approbation u. s. w. verpflichtet, den Stellvertreter zu entlassen.

§ 152.[1]) Alle Verbote und Strafbestimmungen gegen Gewerbetreibende, gewerbliche Gehülfen, Gesellen oder Fabrikarbeiter wegen Verabredungen und Vereinigungen zum Behufe der Erlangung günstiger Lohn- und Arbeitsbedingungen, insbesondere mittelst Einstellung der Arbeit oder Entlassung der Arbeiter, werden aufgehoben.

Jedem Theilnehmer steht der Rücktritt von solchen Vereinigungen und Verabredungen frei, es findet aus letzteren weder Klage noch Einrede statt.

1) Vgl. Anmerk. 12 zu § 115.

§ 153.[1]) Wer Andere durch Anwendung körperlichen Zwanges, durch Drohungen, durch Ehrverletzung oder durch Verrufserklärung bestimmt oder zu bestimmen versucht, an solchen Verabredungen (§ 152) Theil zu nehmen, oder ihnen Folge zu leisten, oder Andere durch gleiche Mittel hindert oder zu hindern versucht, von solchen Verabredungen zurückzutreten, wird mit Gefängniß bis zu drei Monaten bestraft, sofern nach dem allgemeinen Strafgesetz nicht eine härtere Strafe eintritt.

1) Vgl. Anmerk. 12 zu § 115.

Artikel 7.

An Stelle des § 154 der Gewerbeordnung treten folgende Bestimmungen:

§ 154. Die Bestimmungen der §§ 105 bis 133e finden auf Gehülfen und Lehrlinge in Apotheken, die Bestimmungen der §§ 105, 106 bis 119b, 120a bis 133e auf Gehülfen und Lehrlinge in Handelsgeschäften keine Anwendung.

Die Bestimmungen der §§ 134 bis 139b finden auf Arbeitgeber und Arbeiter in Hüttenwerken, in Zimmerplätzen und anderen Bauhöfen, in Werften, sowie in solchen Ziegeleien, über Tage betriebenen Brüchen und Gruben, welche nicht blos vorübergehend oder in geringem Umfang betrieben werden, entsprechende Anwendung. Darüber, ob die Anlage vorübergehend oder in geringem Umfang betrieben wird, entscheidet die höhere Verwaltungsbehörde endgültig.

Die Bestimmungen der §§ 135 bis 139b finden auf Arbeitgeber und Arbeiter in Werkstätten, in welchen durch elementare Kraft (Dampf, Wind, Wasser, Gas, Luft, Elektrizität u. s. w.) bewegte Triebwerke nicht blos vorübergehend zur Verwendung kommen, mit der Maßgabe entsprechende Anwendung, daß der Bundesrath für gewisse Arten von Betrieben Ausnahmen von den in §§ 135 Absatz 2 und 3, 136, 137 Absatz 1 bis 3 und 138 vorgesehenen Bestimmungen nachlassen kann.

Auf andere Werkstätten, sowie auf Bauten können durch Kaiserliche Verordnung mit Zustimmung des Bundesraths die Bestimmungen der §§ 135 bis 139b ganz oder theilweise ausgedehnt werden. Werkstätten, in welchen der Arbeitgeber ausschließlich zu seiner Familie gehörige Personen beschäftigt, fallen unter diese Bestimmungen nicht.

Die Kaiserlichen Verordnungen, sowie die Ausnahmebestimmungen des Bundesraths können auch für bestimmte Bezirke erlassen werden. Sie sind durch das Reichs-Gesetzblatt zu veröffentlichen und dem Reichstag bei seinem nächsten Zusammentritt zur Kenntnißnahme vorzulegen.

§ 154a. Die Bestimmungen der §§ 115 bis 119a, 135 bis 139b, 152 und 153 finden auf die Besitzer und Arbeiter von Bergwerken, Salinen, Aufbereitungsanstalten und unterirdisch betriebenen Brüchen oder Gruben entsprechende Anwendung.

Arbeiterinnen dürfen in Anlagen der vorbezeichneten Art nicht unter Tage beschäftigt werden. Zuwiderhandlungen unterliegen der Strafbestimmung des § 146.

Artikel 8.

Der § 155 der Gewerbeordnung erhält folgende Fassung:

Wo in diesem Gesetze auf die Landesgesetze verwiesen ist, sind unter den letzteren auch die verfassungs- oder gesetzmäßig erlassenen Verordnungen verstanden.

Welche Behörden in jedem Bundesstaate unter der Bezeichnung: höhere Verwaltungsbehörde, untere Verwaltungsbehörde, Gemeindebehörde, Ortsbehörde, Unterbehörde, Polizeibehörde, Ortspolizeibehörde und welche Verbände unter der Bezeichnung weitere Kommunalverbände zu verstehen sind, wird von der Zentralbehörde des Bundesstaates bekannt gemacht.

Für die unter Reichs- und Staatsverwaltung stehenden Betriebe können die den Polizeibehörden, unteren und höheren Verwaltungsbehörden durch die §§ 105b Absatz 2, 105c Absatz 2, 100e, 105f, 115a, 120d, 134e, 134f, 134g, 138 Absatz 1, 138a, 139, 139b übertragenen Befugnisse und Obliegenheiten auf die der Verwaltung dieser Betriebe vorgesetzten Dienstbehörden übertragen werden.

Artikel 9.

Der Zeitpunkt, an welchem die in §§ 41a, 55a, 105a bis 105f, 105h, 105i und 154 Absatz 3 getroffenen Bestimmungen ganz oder theilweise in Kraft treten, wird durch Kaiserliche Verordnung mit Zustimmung des Bundesraths bestimmt. Bis dahin bleiben die bisherigen gesetzlichen Bestimmungen in Kraft.

Die Bestimmungen der §§ 120 und 150 Ziffer 4 treten mit dem 1. Oktober 1891 in Kraft.

Im Uebrigen tritt dieses Gesetz mit dem 1. April 1892 in Kraft.

Für Kinder im Alter von zwölf bis vierzehn Jahren und für junge Leute zwischen vierzehn und sechszehn Jahren, welche vor Verkündung dieses Gesetzes bereits in Fabriken oder in den in §§ 154 Absatz 2 bis 4 und 154a bezeichneten gewerblichen Anlagen beschäftigt waren, bleiben die bisherigen gesetzlichen Bestimmungen bis zum 1. April 1894 in Kraft.

Für Betriebe, in welchen vor Verkündung dieses Gesetzes Arbeiterinnen über sechszehn Jahre in der Nachtzeit beschäftigt worden sind, kann die Landes-Zentralbehörde die Ermächtigung ertheilen, längstens bis zum 1. April 1894 solche Arbeiterinnen in der bisherigen Anzahl während der Nachtzeit weiter zu beschäftigen, wenn die Fortführung des Betriebes im bisherigen Umfang bei Beseitigung der Nachtarbeit Betriebsänderungen bedingt, welche ohne unverhältnißmäßige Kosten nicht früher hergestellt werden können. Die Nachtarbeit darf in vierundzwanzig Stunden die Dauer von zehn Stunden nicht überschreiten und muß in jeder Schicht durch eine oder mehrere Pausen in der Gesammtdauer von mindestens einer Stunde unterbrochen sein. Die Tagschichten und Nachtschichten müssen wöchentlich wechseln.

Urkundlich unter Unserer Höchsteigenhändigen Unterschrift und beigedrucktem Kaiserlichen Insiegel.

Gegeben Kiel an Bord Meiner Yacht „Meteor", den 1. Juni 1891

(L. S.) **Wilhelm.**

von Caprivi.

IV. Anhang.

Päpstliche Encyklika über die Arbeiterfrage, vom 17. Mai 1891.

Nachdem einmal die Neuerungssucht erregt war, welche schon lange Zeit die Staaten bewegte, mußten nothwendigerweise die Aenderungsbestrebungen vom Gebiete der Politik auf das benachbarte Gebiet der sozialökonomischen Fragen übertragen werden. Und in der That das Emporkommen der Industrieen, die neuen Wege, welche die Kunst einschlug, das veränderte Verhältniß zwischen Herren und Arbeitern, der Zusammenfluß des Kapitals, der Reichthümer in den Händen Weniger, die Noth bei der Menge, das wachsende Selbstbewußtsein und die engere Verbindung der Arbeiter, außerdem der Verfall der Sitten führten den Kampf herbei. Von welcher Bedeutung derselbe ist, sieht man an der gespannten Erwartung, mit welcher man ihn verfolgt; er beschäftigt den Scharfsinn der Gelehrten, die Versammlungen der Weisen, die Volksversammlungen, das Urtheil der Gesetzgeber, den Rath der Fürsten, so daß man bereits keine andere Angelegenheit findet, welche lebhafter den Sinn der Menschen beschäftigt.

Und so haben Wir, ehrwürdige Brüder, in Ansehung der Sache der Kirche und des allgemeinen Wohles, schon bei anderen Anlässen über die Regierungsgewalt, die menschliche Freiheit, die christliche Einrichtung der Staaten und ähnliche Dinge an euch Schreiben gesandt, welche zur Widerlegung trügerischer Meinungen geeignet schienen, und aus den gleichen Gründen halten Wir jetzt für nöthig, dasselbe in der Arbeiterfrage zu thun.

Wir haben diesen Gegenstand schon mehrfach gelegentlich behandelt; nun aber mahnt uns das Bewußtsein Unseres apostolischen Amtes, in diesem Schreiben die gesammte Frage ausdrücklich zu behandeln, sodaß die Grundsätze erstehen, mit deren Hülfe der Streit, wie Wahrheit und Billigkeit es fordern, geschlichtet werden kann. Schwierig ist die Sache und nicht ohne Gefahr. Nicht leicht ist ja, die Grenzen der Rechte und Pflichten zu bestimmen, innerhalb deren Reiche und Arme, die, welche den Besitz, und die, welche die Arbeit vertreten, sich halten müssen. Gefährlich aber ist jener Streit, weil er von unruhigen und verschlagenen Männern vielfach benutzt wird, um die Erkenntniß des Wahren zu verkehren und die Masse zu erregen.

Indessen, es liegt nun einmal zu Tage, und es wird von allen Seiten anerkannt, daß geholfen werden muß, und zwar daß baldige ernste Hilfe noth thut, weil in Folge der Mißstände unzählige ein wahrhaft gedrücktes und unwürdiges Dasein führen. In der Umwälzung des vorigen Jahrhunderts wurden die alten Genossenschaften der arbeitenden Klassen zerstört, keine neuen Einrichtungen traten zum Ersatz ein, das Staatswesen entkleidete sich zudem mehr und mehr der christlichen Sitte und Anschauung, und so geschah es, daß Handwerk und Arbeit allmählich der Herzlosigkeit reicher Besitzer und der ungezügelten Habgier der Konkurrenz isolirt und schutzlos überantwortet wurden. — Die Geldkünste des modernen Wuchers kamen hinzu, um das Uebel zu vergrößern, und wenn auch die Kirche zum Oefteren dem Wucher das Urtheil gesprochen, fährt dennoch ein unersättlicher Kapitalismus fort, denselben unter einer anderen Maske auszuüben. Produktion und Handel sind fast zum Monopol von Wenigen geworden, und so konnten wenige übermäßig Reiche dem arbeitenden Stande nahezu ein sklavisches Joch auflegen.

Zur Hebung dieses Uebels verbreiten die Sozialisten, indem sie die Besitzlosen gegen die Reichen aufstacheln, die Behauptung, jeder private Besitz müsse aufhören, um einer Gemeinschaft der Güter Platz zu machen, welche mittelst der Vertreter der städtischen Gemeinwesen und durch die Regierungen selbst einzuführen wäre. Sie wähnen, durch eine solche Uebertragung alles Besitzes von den Individuen an die Gesammtheit alle Mißstände heben zu können, es müßte nur einmal das Vermögen und dessen Vortheile gleichmäßig unter den Staatsangehörigen vertheilt sein. Indessen dieses Programm ist weit entfernt, etwas zur Lösung der Frage beizutragen; es schädigt vielmehr die arbeitenden Klassen selbst: es ist ferner sehr ungerecht, indem es die rechtmäßigen Besitzer vergewaltigt; es ist endlich der staatlichen Ordnung zuwider, ja bedroht die Staaten mit völliger Auflösung.

Vor Allem liegt nämlich klar auf der Hand, daß die Absicht, welche den Arbeiter bei der Uebernahme seiner Mühe leitet, keine andere als die ist, daß er durch den Lohn zu irgend einem persönlichen Eigenthume gelange. Indem er Kräfte und Fleiß einem Anderen leiht, will er für seinen eigenen Bedarf das Nöthige erringen; und er erwirbt sich ein wahres und eigentliches Recht nicht blos auf die Zahlung, sondern auch auf freie Verwendung derselben. Gesetzt, er habe durch Einschränkung Ersparnisse gemacht und sie der Sicherung halber zum Ankauf eines Grundstückes verwendet, so ist das Grundstück eben der ihm gehörige Arbeitslohn, nur in anderer Form; es bleibt in seiner Gewalt und Verfügung, nicht minder als der erworbene Lohn. Aber gerade hierin besteht offenbar das Eigenthumsrecht an beweglichem wie unbeweglichem Besitze. Wenn also die Sozialisten dahin streben, allen Sonderbesitz in Gemeingut umzuwandeln, so ist klar, wie sie dadurch die Lage der arbeitenden Klassen nur ungünstiger machen. Sie entziehen denselben ja mit dem Eigenthumsrechte die Vollmacht, ihren erworbenen Lohn nach Gutdünken anzulegen, sie rauben ihnen eben dadurch Aussicht und Fähigkeit, ihr kleines Vermögen zu vergrößern und sich durch Fleiß zu einer besseren Stellung emporzuringen.

Aber was schwerer wiegt, das von den Sozialisten empfohlene Heilmittel der Gesellschaft ist offenbar der Gerechtigkeit zuwider, denn das Recht zum Besitze privaten Eigenthums hat der Mensch von der Natur erhalten. — Es tritt wie in anderen Dingen so auch hierin ein wesentlicher Unterschied zwischen Mensch und Thier hervor. Das Thier bestimmt sich nicht selbst, sondern wird durch den doppelten Instinct seiner Natur geleitet. Derselbe beschützt seine Vermögen, er fördert die Entwickelung der Kräfte, er erregt und bestimmt deren Bethätigung. Indem der eine Instinct das Thier zur Selbsterhaltung treibt, bestimmt es der andere zur Fortpflanzung des Geschlechts. Für beides aber ist es auf den engen Bereich desjenigen, was ihm gegenwärtig ist, angewiesen eine Grenze, über welche es nicht hinauskommt, weil es nur durch das sinnliche Vermögen und durch Einzeleindrücke beherrscht wird. — Weit davon verschieden ist die Natur des Menschen. In ihm findet sich einerseits das Wesen des Thieres in seiner Ganzheit und Vollkommenheit, und so besitzt er wie dieses das Vermögen sinnlichen Genusses, aber seine Natur geht nicht in einer thierischen auf, mag man sich letztere noch so vervollkommnet denken, er erhebt sich hoch über die thierische Seite seiner selbst und macht diese sich dienstbar. Was den Menschen adelt und ihn zu der ihm eigenen Würde erhebt, das ist der vernünftige Geist; dieser verleiht ihm seinen Charakter als Mensch und trennt ihn seiner ganzen Wesenheit nach vom Thiere. Eben weil er aber mit Vernunft ausgestattet ist, sind ihm irdische Güter nicht zum bloßen Gebrauche anheimgegeben, wie dem Thiere, sondern er hat persönliches Besitzrecht, Besitzrecht nicht blos auf Dinge, die beim Gebrauche verzehrt werden, sondern auch auf solche, welche nach dem Gebrauche bestehen bleiben.

Eine tiefere Betrachtung der Natur des Menschen lehrt dieses ganz klar. — Da der Mensch mit seinem Denken unzählige Gegenstände umfaßt, aus den gegenwärtigen die zukünftigen erschließt und Herr seiner Handlungen ist, so bestimmt er unter dem ewigen Gesetze und unter der allweisen Vorsehung Gottes sich selbst nach freiem Ermessen; es liegt darum in seiner Macht, unter den Dingen die Wahl zu treffen, die er zu seinem eigenen Wohle nicht allein für die Gegenwart, sondern auch für die Zukunft als die ersprießlichste erachtet. Hieraus folgt, daß es Rechte auf persönlichen Bodenbesitz geben muß; es müssen Rechte erworben werden, können nicht blos auf Eigenthum an Erzeugnissen des Bodens, sondern auch auf Eigenthum am Boden selbst. Was dem Menschen nämlich sichere Aussicht auf künftigen Fortbestand seines Unterhaltes verleiht, das ist nur der Boden mit seiner Produktionskraft. Immer unterliegt der Mensch Bedürfnissen, sie wechseln nur ihre Gestalt; sind die heutigen befriedigt, so stellen morgen andere ihre Anforderungen. Die Natur muß dem Menschen demgemäß eine bleibende, unversiegliche Quelle zur Befriedigung dieser Bedürfnisse angewiesen haben, und eine solche Quelle ist nur der Boden mit den Gaben, die er unaufhörlich spendet.

Es ist auch kein Grund vorhanden, die allgemeine Staatsfürsorge in Anspruch zu nehmen. Denn der Mensch ist älter als der Staat, und er besaß das Recht auf Erhaltung seines körperlichen Daseins, ehe es einen Staat gegeben. — Daß aber Gott der Herr die Erde dem ganzen Menschengeschlecht zur Nutznießung übergeben hat, dies steht nicht dem Sonderbesitze entgegen. Denn Gott hat die Erde nicht in dem Sinne der Gesammtheit überlassen, als sollten alle ohne Unterschied Herren über dieselbe sein, sondern insoferne als er selbst keinem Menschen einen besonderen Theil derselben zum Besitz angewiesen, vielmehr dem Fleiße der Menschen und den von den Völkern zu treffenden Einrichtungen die Abgrenzung und Vertheilung des Privatbesitzes anheimgegeben hat. — Uebrigens, wie immer unter die Einzelnen vertheilt, hört der Erdboden nicht auf, der Gesammtheit zu dienen, denn es gibt keinen Menschen, der nicht von seinem Erträgniß lebte. Wer ohne Besitz ist, der hat dafür die Arbeit, und man kann sagen alle Nahrungsquellen gehen zuletzt zurück entweder auf die Bearbeitung des Bodens oder auf Arbeit in irgend einem andern Erwerbszweige, dessen Lohn nur von der Frucht der Erde kommt und mit der Frucht der Erde vertauscht wird.

Es ergiebt sich hieraus wieder, daß privater Besitz vollkommen eine Forderung der Natur ist. Die Erde spendet zwar in großer Fülle Alles, was zur Erhaltung und Förderung des irdischen Daseins nöthig ist; aber sie kann es nicht aus sich spenden, das heißt, nicht ohne Bearbeitung und Pflege durch den Menschen. Indem der Mensch an die Urbarmachung des Bodens körperlichen Fleiß und geistige Sorge setzt, macht er sich ebendadurch den cultivirten Theil zu eigen; es wird demselben sozusagen der Stempel des Bearbeiters aufgedrückt. Es entspricht also durchaus der Gerechtigkeit, daß dieser Theil des Bodens sein eigen sei und sein Recht darauf unverletzlich bleibe.

Die Beweiskraft des Gesagten ist so einleuchtend, daß es nur Verwunderung erwecken kann, die entgegengesetzten Theorien vortragen zu hören, Theorien, die übrigens nicht neu sind, sondern die schon das Alterthum abgewiesen und widerlegt hat. Man behauptet nämlich, eigentliches Bodeneigenthum sei gegen die Gerechtigkeit, und nur die Nutznießung des Bodens oder der Theile desselben könne den einzelnen zustehen; die Scholle des Herrn, welche seine Anlagen und Baulichkeiten trägt, sei nicht sein eigen, und der Acker, den der

Landwirth als den seinen bearbeitet, gehöre nicht ihm. Man will nicht sehen, daß dies ebensoviel heißt, wie einen Raub ausführen an dem, was legitim erworben wurde. Jenes früher wüste Erdreich hat doch durch den Fleiß des ersten Bebauers und durch eine kundige Behandlung die Gestalt völlig verändert; es ist aus Wildniß furchtbares Ackerfeld, aus verlorener Oede ein ergiebiger Boden geworden. Was dem Boden diese neue Form verliehen, das ist derart mit ihm selbst eines, daß es großentheils unmöglich von ihm zu trennen ist. Und es soll kein Widerspruch gegen alle Gerechtigkeit sein, jenen Boden mit der Behauptung, daß Eigenthum nicht bestehen dürfe, seinem Besitzer zu entziehen und dasjenige Anderen zu überantworten, was der Bebauer im Schweiße seines Angesichts geschaffen hat? Nein, wie die Wirkung ihrer Ursache folgt, so folgt die Frucht der Arbeit als rechtmäßiges Eigenthum demjenigen, der die Arbeit vollzogen hat.

Mit Recht hat darum die Menschheit immer im Naturgesetze die Grundlage für den Sonderbesitz und für die Theilung der irdischen Güter gefunden; sie hat sich weise leiten lassen von der Forderung des natürlichen Gesetzes und blieb unbekümmert um vereinzelte Einreden. Durch ihre praktische Anerkennung hat sie die Jahrhunderte entlang das Eigenthumsrecht sozusagen geheiligt als einen Ausfluß der Weltordnung und als eine Grundbedingung eines friedlichen Zusammenlebens. — Die staatlichen Gesetze aber, die ihre Verbindlichkeit, sofern sie gerecht sind, vom Naturgesetze herleiten, haben überall das in Rede stehende Recht geschützt und mit Strafbestimmungen umgeben. Auch die göttlichen Gesetze verkünden das Besitzrecht, und zwar mit solchem Nachdrucke, daß sie sogar das Verlangen nach fremdem Gute strenge verbieten: „Du sollst nicht begehren deines Nächsten Weib, Haus, Acker, Magd, Ochs, Esel und alles was sein ist.“[1])

Betrachten wir nunmehr den Menschen als geselliges Wesen, und zwar zunächst in seiner Beziehung zur Familie, so stellt sich jenes Recht auf Privatbesitz noch deutlicher dar. Wenn ihm dieses, sofern er Einzelwesen ist, zukommt, so kommt es ihm noch mehr zu in Rücksicht auf das häusliche Zusammenleben. — In Bezug auf die Wahl des Lebensstandes ist es der Freiheit eines jeden anheimgegeben, entweder den Rath des göttlichen Herrn zum enthaltsamen Leben zu befolgen, oder in die Ehe zu treten. Kein menschliches Gesetz kann dem Menschen das natürliche und ursprüngliche Recht auf die Ehe entziehen; keines kann den Hauptzweck dieser durch Gottes heilige Auctorität seit der Erschaffung eingeführten Einrichtung irgendwie einschränken. „Wachset und mehret euch.“[2]) Mit diesen Worten war die Familie gegründet. Die Familie, die häusliche Gesellschaft, ist eine wahre Gesellschaft mit allen Rechten derselben, so klein immerhin

[1]) V. Mos. 5, 21. [2]) V. Mos. 1, 28.

diese Gesellschaft sich darstellt; sie ist älter als jegliches andere Gemeinwesen, und deshalb besitzt sie unabhängig vom Staate ihre innewohnenden Befugnisse und Pflichten. Wenn nun jedem Menschen als Einzelwesen die Natur das Recht, Eigenthum zu erwerben und zu besitzen, verliehen hat, so muß sich dieses Recht auch im Menschen, insofern er Haupt einer Familie ist, finden; ja dasselbe besitzt im Familienhaupte noch mehr Energie, weil der Mensch sich im häuslichen Kreise gleichsam ausdehnt. Ein dringendes Gesetz der Natur verlangt, daß der Familienvater den Kindern den Lebensunterhalt und alles Nöthige verschaffe, und die Natur leitet ihn an, auch für die Zukunft die Kinder zu versorgen, sie möglichst sicher zu stellen gegen irdische Wechselfälle, sie in Stand zu setzen, sich selbst vor Elend zu schützen; er ist es ja, der in den Kindern fortlebt und sich gleichsam in ihnen wiederholt. Wie soll er aber jenen Pflichten gegen die Kinder nachkommen können, wenn er ihnen nicht einen Besitz, welcher fruchtet, als Erbe hinterlassen darf? — Wie der Staat, so ist auch die Familie im eigentlichen Sinne eine Gesellschaft, und es regiert selbstständige Gewalt in ihr, nämlich die väterliche. Innerhalb der von ihrem nächsten Zwecke bestimmten Grenzen besitzt demgemäß die Familie zum wenigsten die gleichen Rechte wie der Staat, in Wahl und Anwendung jener Mittel, die zu ihrer Erhaltung und ihrer berechtigten freien Bewegung unerläßlich sind. Wir sagen, zum wenigsten die gleichen Rechte. Denn da das häusliche Zusammenleben sowohl der Idee als der Sache nach früher ist als die bürgerliche Gemeinschaft, so haben auch seine Rechte und seine Pflichten den Vortritt, weil sie der Natur näher stehen. Das Leben in der Staatsgemeinschaft muß dem Individuum und der Familie zu einem wünschenswerthen Gute gemacht werden. Wenn nun aber Individuum und Familie, nachdem sie im Verbande der staatlichen Gesellschaft sind, seitens der letzteren nur Schädigung finden, statt Nutzen, nur Verletzung des ureigenen Rechts, statt Schutzes, so würde der Staatsverband eher als Gegenstand der Abneigung und des Hasses erscheinen, denn als ein begehrenswerthes Gut.

Ein großer und gefährlicher Irrthum liegt also in dem Ansinnen an den Staat, als müsse er in das Innere der Familie, des Hauses eindringen. — Allerdings, wenn sich eine Familie in äußerster Noth und in so verzweifelter Lage befindet, daß sie sich in keiner Weise helfen kann, so ist es der Ordnung entsprechend, daß stattliche Hilfeleistung eintrete; die Familien sind eben Theile des Staates. Ebenso hat die öffentliche Gewalt einzugreifen, wenn innerhalb der häuslichen Mauern erhebliche Verletzungen des gegenseitigen Rechtes geschehen; Uebergriffe in Schranken weisen und die Ordnung herstellen, heißt dann offenbar nicht, Befugnisse der Familie und der Individuen an sich reißen; der Staat befestigt in diesem Falle die Befugnisse der Einzelnen, er zerstört sie nicht. Allein an diesem Punkte muß er Halt machen, über obige Grenzen darf er nicht hinaus, sonst handelt er dem natürlichen Recht entgegen. Die väterliche Gewalt ist von Natur so beschaffen, daß sie nicht zerstört, auch nicht vom Staate an sich gezogen werden kann; sie weist eine gleich ehrwürdige Herkunft auf wie das Leben des Menschen selbst. „Die Kinder sind", um mit dem hl. Thomas zu sprechen, „gewissermaßen ein Theil des Vaters"; sie sind gleichsam eine Entfaltung seiner Person. Auch treten sie in die staatliche Gemeinschaft, wenn man im eigentlichen Sinne reden will, nicht selbstständig, nicht als Individuen ein, sondern vermittelst der Familiengemeinschaft, in welcher sie das Leben empfangen haben. Aus eben diesem Grunde, weil nämlich die Kinder „von Natur einen Theil des Vaters bilden, stehen sie" nach den Worten des heiligen Lehrers „unter der Sorge der Eltern, ehe sie den Gebrauch des freien Willens haben." [3]) Das sozialistische System also, welches die elterliche Fürsorge bei Seite setzt, um eine allgemeine Staatsfürsorge einzuführen, versündigt sich an der natürlichen Gerechtigkeit und zerreißt gewaltsam die Bande der Familie.

Aber sieht man selbst von der Ungerechtigkeit ab, so ist es ebensowenig zu leugnen, daß dieses System in allen Schichten der Gesellschaft Verwirrung herbeiführen würde. Eine unerträgliche Beengung Aller, eine sklavische Abhängigkeit vom Staate würde die Folge des Versuches seiner Anwendung sein. Es würde gegenseitiger Mißgunst, Zwietracht und Verfolgung Thür und Thor geöffnet. Mit dem Wegfalle des Spornes für Strebsamkeit und Fleiß würden auch die Quellen der Wohlhabenheit versiegen. Aus der eingebildeten Gleichheit Aller würde nichts anderes, als der nämliche klägliche Zustand der Entwürdigung für Alle. — Aus alledem ergiebt sich klar die Verwerflichkeit der sozialistischen Grundlehre, wonach der Staat allen Privatbesitz einzuziehen und zu öffentlichem Gute zu machen hätte. Eine solche Theorie gereicht den arbeitenden Klassen, zu deren Nutzen sie doch erfunden sein soll, lediglich zu schwerem Schaden, sie widerstreitet den natürlichen Rechten eines jeden Menschen, sie verzerrt den Beruf des Staates und macht ruhige, friedliche Entwickelung des Gesellschaftslebens unmöglich. Bei allen Versuchen zur Abhülfe gegenüber den gegenwärtigen sozialen Nothständen ist also durchaus als Grundsatz festzuhalten, daß das Privateigenthum unantastbar und heilig sei. Wir gehen nunmehr zu der Darlegung über, worin die überall begehrte Abhülfe in der mißlichen Lage des arbeitenden Standes zu suchen sei.

Mit voller Zuversicht treten Wir an die Aufgabe heran und im Bewußtsein, daß Uns das Wort gebührt. Denn ohne Zuhilfenahme von Religion und Kirche ist kein Ausgang aus dem Wirrsale zu finden; aber da die Hut der Religion und die Leitung der kirchlichen Kräfte und Mittel vor allem in Unsere Hände gelegt sind, so könnte das

[3]) S. Thom. II-II. Qu. X. a. XII.

Stillschweigen eine Verletzung Unserer Pflicht scheinen. Allerdings ist in dieser wichtigen Frage auch die Thätigkeit und Anstrengung anderer Factoren unentbehrlich: Wir meinen die Fürsten und Regierungen, die besitzende Klasse und die Arbeitsherren, endlich die Arbeiter selbst, um deren Loos es sich handelt. Aber Wir sagen mit allem Nachdrucke: Läßt man die Kirche nicht zur Geltung kommen, so werden alle menschlichen Bemühungen vergeblich sein; denn die Kirche ist es, welche aus dem Evangelium einen Schatz von Lehren verkündet, unter deren kräftigem Einfluß der Streit sich beilegt oder wenigstens seine Schärfe verlieren und mildere Formen annehmen muß; sie ist es, die den Geistern nicht blos Belehrung bringt, sondern auch mit Macht auf eine den christlichen Vorschriften entsprechende Regelung der Sitten bei jedem einzelnen hinwirkt; die Kirche ist ohne Unterlaß damit beschäftigt, die soziale Lage der niederen Schichten durch nützliche Einrichtungen zu heben; sie ist endlich von Verlangen beseelt, daß die Kräfte und Bestrebungen aller Stände sich zur Förderung der wahren Interessen der Arbeiter zusammmenthun, und hält ein Vorgehen der staatlichen Auctorität auf dem Wege der Gesetzgebung, innerhalb der nöthigen Schranken, für unerläßlich, damit der Zweck erreicht werde.

Vor Allem ist also von der einmal gegebenen unveränderlichen Ordnung der Dinge auszugehen, wonach in der bürgerlichen Gesellschaft eine Gleichmachung von Hoch und Niedrig, von Arm und Reich schlechthin nicht möglich ist. Es mögen die Sozialisten solche Träume zu verwirklichen suchen, aber man kämpft umsonst gegen die Naturordnung an. Es werden immerdar der Menschheit die größten und tiefgreifendsten Ungleichheiten aufgedrückt sein. Ungleich sind Anlagen, Fleiß, Gesundheit und Kräfte, und hiervon ist unzertrennlich die Ungleichheit in der Lebensstellung, im Besitze. Dieser Zustand ist aber ein sehr zweckmäßiger, sowohl für den Einzelnen, wie für die Gesellschaft. Das gesellschaftliche Dasein erfordert nämlich eine Verschiedenheit von Kräften und eine gewisse Mannigfaltigkeit von Leistungen; und zu diesen verschiedenen Leistungen werden die Menschen hauptsächlich durch jene Ungleichheit in der Lebensstellung angetrieben. — Die körperliche Arbeit anlangend, würde der Mensch im Stande der Unschuld freilich nicht unthätig gewesen sein. Die Arbeit, nach welcher er damals wie nach einem Genusse freiwillig verlangt hätte, sie wurde ihm nach dem Sündenfalle als eine nothwendige Buße auferlegt, deren Last er spüren muß. „Verflucht sei die Erde nach Deinem Werke; mit Arbeit sollst Du von ihr essen alle Tage Deines Lebens."[4]) — In gleicher Weise werden immer auch die übrigen Beschwernisse auf dieser Erde wohnen, weil die Folgen der Sünde als bittere Begleiter an der Seite des Menschen bis zu seinem Tode haften. Leiden und dulden ist einmal der Antheil unseres Geschlechtes, und so große Anstrengungen man auch zur Besserung des Daseins machen mag,

---

[4]) I. Mos. 3, 17.

die Gesellschaft wird niemals frei von großer Plage werden. Die, welche vorgeben, sie könnten es dahin bringen, und die dem armen Volke ein Leben ohne Noth und nur voll Ruhe und Genuß vorspiegeln, täuschen fürwahr die Menschen mit einem Truge, welcher nur größere Uebel zur Folge haben wird als die, an denen die gegenwärtige Gesellschaft krankt. Das einzig richtige ist, die Dinge nehmen, wie sie wirklich sind, und das Linderungsmittel anderswo aufsuchen.

Ein Grundfehler in der Behandlung der sozialen Frage ist sodann auch der, daß man das gegenseitige Verhältniß zwischen der besitzenden und der unvermögenden, arbeitenden Klasse so darstellt, als ob zwischen ihnen von Natur ein unversöhnlicher Gegensatz Platz griffe, der sie zum Kampfe aufrufe. Ganz das Gegentheil ist wahr. Die Natur hat vielmehr alles zur Eintracht, zur gegenseitiger Harmonie hingeordnet; und so wie im menschlichen Leibe bei aller Verschiedenheit der Glieder im wechselseitigen Verhältniß Einklang und Gleichmaß vorhanden ist, so hat auch die Natur gewollt, daß im Körper der Gesellschaft jene beiden Klassen in einträchtiger Beziehung zu einander stehen und ein gewisses Gleichgewicht hervorrufen. Die eine hat die andere durchaus nothwendig. Das Capital ist auf die Arbeit angewiesen, und die Arbeit auf das Capital. Eintracht ist überall die unerläßliche Vorbedingung von Schönheit und Ordnung; ein fortgesetzter Kampf dagegen erzeugt Verwilderung und Verwirrung. Zur Beseitigung des Kampfes aber und selbst zur Ausrottung seiner Ursachen besitzt das Christenthum wunderbare und vielgestaltige Kräfte.

Die Kirche, als Vertreterin und Wahrerin der Religion, hat zunächst in den religösen Wahrheiten und Gesetzen ein mächtiges Mittel, die Reichen und die Armen zu versöhnen und einander nahe zu bringen; ihre Lehren und Gebote führen beide Klassen zu ihren Pflichten gegeneinander und namentlich zur Befolgung der Vorschriften der Gerechtigkeit. Von diesen Pflichten schärfte sie folgende den arbeitenden Ständen ein: vollständig und treu die Arbeitsleistung zu verrichten, zu welcher sie sich frei und mit gerechtem Vertrage verbunden haben; den Arbeitsherren weder an der Habe noch an der Person Schaden zuzufügen; in der Wahrung ihrer Rechte sich der Gewaltthätigkeit zu enthalten und in keinem Falle Auflehnung zu stiften; nicht Verbindung zu unterhalten mit schlechten Menschen, die ihnen trügerische Hoffnungen vorspiegeln und nur bittere Enttäuschung und Ruin zurücklassen. — Die Pflichten, die sie hinwider den Besitzenden und Arbeitgebern einschärft, sind die nachstehenden: die Arbeiter dürfen nicht wie Sklaven angesehen und behandelt werden; ihre persönliche Würde welche geadelt ist durch ihre Würde als Christen, werde stets heilig gehalten; Handwerk und Arbeit erniedrigen sie nicht, vielmehr muß, wer vernünftig und christlich denkt, es ihnen als Ehre anrechnen, daß sie selbstständig ihr Leben unter Mühe und Anstrengung erhalten; unehrenvoll dagegen und unwürdig ist es, Menschen blos zu eigenem Gewinne ausbeuten und sie nur so hoch taxiren, wie ihre Arbeitskräfte reichen. Die Kirche ruft den Arbeitsherren weiter zu: Habet auch die gebührende Rücksicht auf das geistige Wohl und die religiösen Bedürfnisse der Arbeiter; ihr seid verpflichtet, ihnen Zeit zu lassen für ihre gottesdienstlichen Uebungen; ihr dürft sie nicht der Verführung und sittlichen Gefahren bei ihrer Verwendung aussetzen; den Sinn für Häuslichkeit und Sparsamkeit dürft ihr in ihnen nicht ersticken lassen; es ist ungerecht, sie mit mehr Arbeit zu beschweren, als ihre Kräfte tragen können, oder Leistungen von ihnen zu fordern, die ihrem Alter oder Geschlecht nicht entsprechen. Vor Allem aber ermahnt die Kirche die Arbeitsherren, den Grundsatz: Jedem das Seine, stets vor Augen zu behalten. Dieser Grundsatz sollte auch unparteiisch auf die Höhe des Lohnes Anwendung finden, ohne daß die verschiedenen mitzuberücksichtigenden Momente übersehen werden. Im Allgemeinen ist in Bezug auf den Lohn wohl zu beachten, daß es wider göttliches und menschliches Gesetz geht, Nothleidende zu drücken und auszubeuten um des eigenen Vortheiles willen. Dem Arbeiter den ihm gebührenden Verdienst vorenthalten, ist eine Sünde, die zum Himmel schreit. „Siehe," sagt der heilige Geist, „der Lohn der Arbeiter, . . den ihr unterschlagen, schreit zu Gott, und ihre Stimmen dringen zum Herren Sabaoth."[5]) Die Besitzenden dürfen endlich unter keinen Umständen die Arbeiter in ihren Ersparnissen schädigen, sei es durch Gewalt oder durch Trug oder durch Wucherkünste; und das umsoweniger, als ihr Stand minder gegen Unrecht und Uebervortheilung geschützt ist, und ihr Eigenthum, weil gering, eben deshalb größere Achtung verdient.

Wer wird in Abrede stellen, daß die Befolgung dieser Vorschriften allein im Stande sein würde, den bestehenden Zwiespalt sammt seinen Ursachen zu beseitigen? — Aber die Kirche, welche auf den Fußstapfen ihres göttlichen Lehrers und Führers Jesus Christus wandelt, hat noch höhere Ziele; sie trachtet mit Vorschriften von noch größerer sittlicher Vollkommenheit den einen Theil dem anderen möglichst anzunähern und ein freundliches Verhältniß zwischen beiden herzustellen. Nur wenn wir das künftige unsterbliche Leben zum Maßstabe nehmen, können wir über das gegenwärtige Leben unbefangen und gerecht urtheilen. Gäbe es kein anderes Leben, so würde eben damit der Begriff sittlicher Pflicht verloren gehen, und das irdische Dasein würde zu einem dunkeln, von keinem Verstande zu entwirrenden Räthsel. Wenn dies uns schon die Vernunft selbst sagt, so wird es zugleich durch den Glauben verbürgt, der als Grundstein aller Religion die Lehre hinstellt, daß erst beim Ausscheiden aus dem irdischen Leben unser wahres Leben beginnt. Denn Gott hat uns nicht für die hinfälligen und vergänglichen Güter der Zeit geschaffen, sondern für die ewigen des Himmels, und er hat uns

---

[5]) Jak. 5, 4.

die Erde nicht als eigentlichen Wohnsitz, sondern als Ort der Verbannung angewiesen. Ob der Mensch an Reichthum und an anderen Dingen, die man Güter nennt, Ueberfluß habe oder Mangel leide, darauf kommt für die ewige Seligkeit nichts an; aber es kommt auf die Weise an, wie er jene Dinge benützt. Jesus Christus hat durch seine „reiche Erlösung" keineswegs Leiden und Kreuz hinweggenommen, das unseren Lebensweg bedeckt, er hat es aber in einen Sporn für unsere Tugend, in einen Gegenstand des Verdienstes verwandelt, und Keiner wird der ewigen Krone theilhaftig, der nicht den schmerzlichen Kreuzweg des Herrn wandelt. „Wenn wir mit ihm leiden, werden wir auch mit ihm herrschen." [6]) Durch seine freiwilligen Mühen und Peinen hat jedoch der Heiland all unsere Mühen und Peinen wunderbar gemildert. Er erleichtert uns die Ertragung aller Trübsal nicht blos durch sein Beispiel, sondern auch durch seine stärkende Gnade und durch den Ausblick auf ewigen Lohn. „Denn unsere vorübergehende und leichte Trübsal in der Gegenwart erwirkt uns ein überschwängliches Maß von Glorie in der Ewigkeit." [7])

Es ergeht also die Mahnung der Kirche an die mit Glücksgütern Gesegneten, daß Reichthum nicht von Mühsal frei mache, und daß er für das ewige Leben nichts nütze, ja demselben eher schädlich sei. Die auffälligen Drohungen Jesu Christi an die Reichen müßten diese mit Furcht erfüllen, denn dem ewigen Richter wird einst strengste Rechenschaft über den Gebrauch der Güter dieses Lebens abgelegt werden müssen. Eine wichtige und tiefgreifende Lehre verkündet die Kirche sodann über den Gebrauch des Reichthums, eine Lehre, welche von der heidnischen Weltweisheit nur dunkel geahnt wurde, die aber von der Kirche in voller Klarheit hingestellt und, was mehr ist, in lebendige praktische Uebung versetzt wird. Sie betrifft die Pflicht der Wohlthätigkeit, das Almosen. Diese Lehre hat die Unterscheidung zwischen gerechtem Besitze und gerechtem Gebrauch des Besitzes zur Voraussetzung. Der Sonderbesitz gründet sich, wie wir gesehen haben, auf die natürliche Ordnung. Den Besitz zu gebrauchen, natürlich innerhalb der Schranken des Rechtes, das ist dem Individuum nicht blos erlaubt, sondern es ist auch im gesellschaftlichen Dasein des Menschen eine Nothwendigkeit. „Es ist erlaubt", so drückt der heilige Thomas es aus, „daß der Mensch Eigenthum besitze, und es ist zugleich nothwendig für das menschliche Leben." [8]) Fragt man nun, wie den Gebrauch des Besitzes beschaffen sein müsse, so antwortet die Kirche mit dem nämlichen heiligen Lehrer: „Der Mensch muß die äußeren Dinge nicht wie ein Eigenthum, sondern wie ein gemeinsames Gut betrachten und behandeln, insoferne nämlich, als er sich zur Mittheilung derselben an Nothleidende leicht verstehen soll. Darum spricht der Apostel: „Befiehl den Reichen dieser Welt . . . . daß sie gerne geben und mittheilen." [9])

---

[6]) II. Tim. 2, 12. [7]) II. Cor. 4, 17. [8]) II-II. Qu. LXVI. a. 2. [9]) II-II. Qu. LXV. a. 2.

Gewißlich ist Niemand verpflichtet, dem eigenen nothwendigen Unterhalte oder demjenigen der Familie Abbruch zu thun, um dem Nächsten beizuspringen. Es besteht nicht einmal die Verbindlichkeit, des Almosens wegen auf standesgemäße und geziemende Ausgaben zu verzichten. „Denn Niemand ist," um wieder mit S. Thomas zu sprechen, „verpflichtet, auf unangemessene Weise zu leben." [10]) Ist der Besitz jedoch größer, als es für den Unterhalt und ein standesmäßiges Auftreten nöthig ist, dann tritt die Pflicht ein, vom Ueberflusse den nothleidenden Mitbrüdern Almosen zu spenden. „Was ihr an Ueberfluß habet, das gebet den Armen," heißt es im Evangelium.[11]) Diese Pflicht ist jedoch nicht eine Pflicht der Gerechtigkeit, den Fall der äußersten Noth ausgenommen, sondern der christlichen Liebe, und darum kann sie auch nicht auf gerichtlichem Wege erzwungen werden. Sie erhält indeß eine Bekräftigung, mächtiger als die durch irdische Gesetzgeber und Richter, von Seiten des ewigen Richters der Welt, der durch vielfache Aussprüche die Mildthätigkeit empfiehlt: „Es ist seliger geben als nehmen," [12]) und der verkündet, am jüngsten Tage Gericht halten zu wollen über Spendung und Verweigerung des Almosens an seine Armen, so als wäre es ihm selbst gespendet oder verweigert worden: „Was ihr einem der geringsten meiner Brüder gethan habt, das habt ihr mir gethan." [13])

Das Gesagte läßt sich also kurz so zusammenfassen: Wer irgend mit Gütern von Gott dem Herrn reichlicher betheilt wurde, seien es leibliche und äußere, seien es geistige Güter, der hat den Ueberfluß zu dem Zwecke erhalten, daß er ihn zwar zu seinem eigenen wahren Besten, aber auch zum Besten der Mitmenschen, wie ein Ausspender der Gaben der Vorsehung benütze. „Wem also Einsicht verliehen ist", sagt der hl. Gregor der Große, „der verwende sie zu nutzbringender Unterweisung; wer Reichthum erhalten hat, sehe zu, daß er mit der Wohlthätigkeit nicht säume; wer in praktischen Dingen Erfahrung und Uebung besitzt, verwende sein Können zum Besten der Mitmenschen." [14])

Die Besitzlosen aber belehrt die Kirche, daß Armuth in den Augen der ewigen Wahrheit nicht die geringste Schande ist, und daß Händearbeit zum Erwerb des Unterhaltes durchaus keine Unehre bereitet. Christus der Herr hat dies durch That und Beispiel bekräftigt, er, der da um unseretwillen „arm geworden, da er reich war",[15]) und der, obwohl Sohn Gottes und Gott selbst, dennoch für den Sohn des Zimmermanns gehalten werden, ja einen großen Theil seines Lebens mit körperlicher Arbeit zubringen wollte. „Ist dies nicht der Zimmermann, der Sohn Mariä?" [16]) Wer dies göttlich hohe Beispiel ernst betrachtet, der wird leichter verstehen, daß die wahre Würde

---

[10]) II-II. Qu. XXXII. a. 6. [11]) Luk. 11, 4. [12]) Apostelgsch. 20, 35. [13]) Matth. 25, 40. [14]) In Evang. Hom. IX. n. 7. [15]) II. Cor. 8, 9. [16]) Matth. 15, 55.

und Größe der Menschen in sittlichen Eigenschaften, das heißt in der Tugend beruht; daß die Tugend aber ein Gut sei, welches allen gleich zugänglich ist, dem Niedersten wie dem Höchsten, dem Reichen wie dem Armen, und daß durchaus nichts anderes als Tugend und Verdienst des Himmels theilhaftig machen. Ja, gegen die Hülflosen und Unglücklichen dieser Welt tritt Gottes Liebe gewissermaßen noch mehr an den Tag: Jesus Christus preist die Armen selig; er ladet alle, die mit Mühe und Kummer beladen, liebevoll zu sich, um sie zu trösten; die Zurückgesetzten und Verfolgten umfaßt er mit ganz besonderem Wohlwollen. Diese Wahrheiten müssen doch in den Begüterten und Hochstehenden jeden Uebermuth niederhalten, und in den Armen den Kleinmuth aufrichten; sie müssen den Reichen Entgegenkommen gegen die Armen einflößen und die Armen selbst zu Bescheidenheit stimmen. So wird die soziale Kluft zwischen den beiden Klassen unschwer verringert und hüben und drüben freundliche, versöhnliche Gesinnungen geweckt werden.

Aber wenn die Moral des Christenthums ganz zur Geltung kommt, wird man auch nicht bei versöhnlicher Stimmung stehen bleiben; es wird wahre brüderliche Liebe beide Theile verbinden. Sie werden dann in dem Bewußtsein leben, daß ein gemeinsamer Vater im Himmel alle Menschen geschaffen und für das gleiche Ziel bestimmt hat, für den ewigen Lohn der Guten, welcher Gott selbst ist, der da allein die Menschen und die Engel mit vollkommener Seligkeit beglücken kann. Sie erfassen dann, was es heißt, Jesus Christus hat alle gleicherweise durch sein Leiden erlöst, alle zur nämlichen Würde von Kindern Gottes erhoben; ein wahrhaftes geistiges Bruderband besteht zwischen ihnen und mit Christus dem Herrn, „dem Erstgeborenen unter vielen Brüdern"; und was es ferner heißt, die Güter der Natur und die Geschenke der Gnade insgesammt gehören gemeinschaftlich der großen Menschenfamilie an, und nur wer sich selbst unwürdig macht, wird vom Erbe des himmlischen Glückes ausgeschlossen. „Wenn aber Söhne, dann auch Erben, und zwar Erben Gottes und Miterben Christi." [17])

Das sind nach christlicher Auffassung die Grundzüge der Menschenrechte und der Menschenpflichten. Würde nicht aller Streit in kurzer Frist erledigt sein, wenn diese Wahrheiten in der bürgerlichen Gesellschaft zu voller Anerkennung gelangten?

Indessen die Kirche läßt es sich nicht dabei genügen, blos den Weg zur Heilung zu zeigen, sie wendet auch die Heilmittel selbst an. Ihr ganzes Arbeiten geht dahin, die Menschheit nach Maßgabe ihrer Lehre und ihres Geistes umzubilden und zu erziehen. Durch den Episcopat und den Clerus leitet sie den heiligen Strom ihres Unterrichts in die weitesten Kreise des Volkes hinab, soweit immer ihr Ein-

---

17) Röm. 8, 17.

fluß gelangen kann. Sie sucht sodann in das Innerste der Menschen einzudringen und ihren Willen zu lenken, damit sich alle im Handeln nach Gottes Vorschriften richten. Gerade in Bezug auf diese innere Wirksamkeit, also an einem Punkte, auf den Alles ankommt, entfaltet die Kirche eine siegreiche, ihr ausschließlich eigene Macht. Denn die Mittel, die ihr den Zugang zu den Herzen bahnen, hat sie von Jesus Christus selbst für diesen heiligen Zweck überkommen, es ruht in ihnen eine göttliche Kraft. Diese Mittel allein gelangen zum Innersten der Menschenbrust, und diese Macht allein führt den Menschen zum Gehorsam gegen seine Pflicht, zur Bezähmung der eigenen Leidenschaft, zu vollkommener Liebe Gottes und des Nächsten, zur Ueberwindung der vielen auf dem Wege der Tugend auftretenden Hindernisse. — Zur Bestätigung dessen lohnt es sich, auf das Beispiel der Vergangenheit hinzuweisen. Wir heben nur eine Thatsache hervor, welche außer allem Zweifel steht, wenn wir sagen: Es war der Einfluß und das Walten der Kirche, wodurch die bürgerliche Gesellschaft von Grund aus erneuert wurde; die höheren sozialen Kräfte, die ihr eigen sind, haben die Menschheit auf die Bahn des wahren Fortschrittes erhoben, ja vom Untergange wieder zum Leben erweckt; sie haben durch die christliche Erziehung der Völker eine Entwickelung herbeigeführt, welche alle früheren Culturformen weit übertrifft und in alle Zukunft nicht durch eine andere übertroffen werden wird. Diese Wohlthaten haben die hochheilige Person Jesu Christi zu ihrer Urquelle und zu ihrem Endzwecke; wie die Welt dem Gottmenschen alles verdankt, so bezieht sich alles Gute auf ihn als Zielpunkt der Dinge zurück. Das Leben Jesu Christi durchdrang den Erdkreis, nachdem das Licht des Evangeliums aufgegangen und das große Geheimniß von der Menschwerdung Gottes und der Erlösung unseres Geschlechtes verkündet war; es drang zu allen Völkern, allen Klassen und gründete in ihnen den christlichen Glauben und dessen sittliche Vorschriften. Es ergibt sich hieraus mit Nothwendigkeit, daß, wenn man ein Heilmittel für die menschliche Gesellschaft sucht, dasselbe nur in der christlichen Wiederherstellung des öffentlichen und privaten Lebens beruht. — Denn es ist ein bekanntes Axiom, daß jedwede Gesellschaft, um innere Erneuerung zu gewinnen, zu ihrem Ursprung zurückkehren muß. Die Vollkommenheit jeder Vereinigung besteht ja eben darin, zu erstreben und zu erzielen, was beim Ursprunge als Zweck gesetzt wurde; durch das Streben nach diesem Ziele muß das entsprechende Leben in den gesellschaftlichen Körper kommen. Abweichen vom Ziele ist gleichbedeutend mit Verfall, Rückkehr zu demselben bedeutet Heilung. Dies gilt vom ganzen Körper des Staates, und es gilt ebenso von der bei weitem zahlreichsten Klasse von Staatsbürgern, dem Arbeiterstande.

Die Fürsorge der Kirche geht indessen nicht so in der Pflege des geistigen Lebens auf, daß sie darüber der Anliegen des irdischen Lebens vergäße. — Sie ist vielmehr, insbesondere dem Arbeiterstande gegenüber, vom eifrigen Streben erfüllt, die Noth des Lebens auch nach seiner materiellen Seite zu lindern. Schon durch ihre Anleitung zur Sittlichkeit und Tugend befördert sie zugleich das materielle Wohl, denn ein geregeltes christliches Leben hat stets seinen Antheil an der Herbeiführung irdischer Wohlfahrt: es macht Gott, welcher Urquell und Spender aller Wohlfahrt ist, dem Menschen geneigt und es drängt zwei Feinde zurück, welche allzuhäufig mitten im Ueberflusse die Ursache bitteren Elendes sind, die ungezügelte Habgier und die Genußsucht; es würzt ein bescheidenes irdisches Loos mit dem Glücke der Zufriedenheit, findet in der Sparsamkeit einen Ersatz für die abgehenden Glücksgüter und bewahrt vor Leichsinn und Laster, wodurch auch der ansehnlichste Wohlstand oft so schnell zu Grunde gerichtet wird.

Aber die Kirche entfaltet außerdem auch geeignete praktische Maßnahmen zur Milderung des materiellen Nothstandes der Armen und der Arbeiter; sie hegt die verschiedensten Anstalten zur Hebung ihres Daseins. Ja, daß ihre Thätigkeit in dieser Hinsicht jederzeit eine höchst wohlthätige gewesen, wird auch von ihren Feinden mit lautem Lobe anerkannt. Zur Zeit der ersten Christen war die brüderliche Liebe so mächtig, daß häufig Reiche all ihrer Habe sich entblößten, um den Armen beizuspringen. Es gab in Folge dessen, wie die heilige Schrift sagt, „keinen Dürftigen in der Mitte der Gläubigen.“ [18]) Das tägliche Almosengeben war die Aufgabe, welche den Diakonen von den Aposteln gestellt wurde, und derentwegen namentlich die besondere Weihestufe des Diakonats eingesetzt war. Der h. Apostel Paulus nahm es trotz seiner vielfältigen Sorgen für alle Kirchen auf sich, den nothleidenden Christen von Jerusalem persönlich nach mühevoller Reise das Almosen zu bringen. Tertullian spricht von der bei den einzelnen Versammlungen der Christen gespendeten Beisteuer; er nennt sie „Hinterlage der Liebe“ und sagt, sie diene zum Unterhalte der Armen und ihrem Begräbniß, den dürftigen Waisen beiderlei Geschlechts, den Greisen und den Schiffbrüchigen.[19]) — So floß allmählich ein kirchliches Patrimonium zusammen, und dasselbe ward stets mit heiliger Sorgfalt als ein Erbschatz der Armen und Nothleidenden bewahrt. Die Kirche scheute sich nicht, auch als Bettlerin zu den Thüren der Reichen zu wandern, um den Bedrängten ein Scherflein zu gewinnen.

Sie war es, die gemeinsame Mutter von Arm und Reich, welche dadurch, daß sie die christliche Nächstenliebe entzündete, besondere geistliche Orden erweckte, die sich berufsmäßig der Linderung der irdischen Noth hingeben, so daß für jede Bedrängniß eine Abhilfe, für jeden Schmerz ein Trost bestand. Allerdings vernimmt man in der Gegenwart Stimmen, welche, wie die Heiden es schon gethan, Anklagen gegen die Kirche selbst in dieser Liebesthätigkeit suchen.

---

[18]) Apostelgsch. 4, 34. [19]) Apol. II, 39.

Man tadelt geradezu das kirchliche Wohlthun als ungeeignet und unzweckmäßig und sucht statt dessen ein rein staatliches System einzuführen. Aber wo sind die staatlichen, die menschlichen Einrichtungen, die sich an die Stelle der christlichen Liebe und des Opfergeistes, die ihren Schwung von der Kirche empfangen, zu setzen vermöchten? Nein, die Kirche allein besitzt das Geheimniß dieses himmlischen Schwunges. Quillt die Liebe und Kraft nicht aus dem heiligsten Herzen des Erlösers, so ist sie nichtig. Um aber des innern Lebens des Erlösers theilhaft zu werden, muß man ein lebendiges Glied seiner Kirche sein.

* * *

Indessen ist nicht zu bezweifeln, daß zur Lösung der sozialen Frage zugleich alle menschlichen Mittel in Bewegung gesetzt werden müssen. Alle, die es irgend berührt, müssen je nach ihrer Stellung mitarbeiten. Und es gibt das Wirken der göttlichen Vorsehung, welche zu ihren Zielen die reichsten Mittel verwendet, gewissermaßen ein Vorbild, denn hängt der Ausgang von vielen Ursachen zugleich ab, so sehen wir, wie eben diese Ursachen sich zu einander gesellen zur Erzielung der Wirkung.

Es handelt sich also zunächst darum, welcher Antheil bei der Lösung der Frage der Staatsgewalt zufalle. — Unter Staatsgewalt verstehen Wir hier nicht die zufällige Regierungsform der einzelnen Länder, sondern die Staatsgewalt der Idee nach, wie sie durch die Natur und Vernunft gefordert wird, und wie sie sich nach den Grundsätzen der Offenbarung, die Wir in der Encyklika über den christlichen Staat entwickelt haben, darstellt. Die Beihilfe also, welche vom Staate zu erwarten wäre, besteht zunächst im Allgemeinen in allgemeinen gesetzlichen Verordnungen und Einrichtungen, die eine gedeihliche Entwickelung des Wohlstandes befördern. Hier liegt die Aufgabe einer einsichtigen Regierung, die wahre Pflicht jeder weisen Staatsleitung. Was aber im Staate vor Allem den Wohlstand verbürgt, das ist Ordnung, Zucht und Sitte, ein wohlgeordnetes Familienleben, Achtung vor Religion und Recht, mäßige Auflagen und gleiche Vertheilung der Lasten, Betriebsamkeit im Gewerbe, Industrie und Handel, günstiger Stand des Ackerbaues und Aehnliches. Je umsichtiger alle diese Hebel benützt und gehandhabt werden, desto gesicherter ist die Wohlfahrt der Glieder des Staates. — Hier eröffnet sich also eine weite Bahn auf welcher der Staat für den Nutzen aller Klassen der Bevölkerung und insbesondere für die Lage der Arbeiter thätig sein soll; und geht er auf dieser Bahn voran, so ist durchaus kein Vorwurf möglich, als ob er einen Uebergriff beginge; denn Nichts geht den Staat seinem Wesen nach näher an, als die Pflicht, das Gemeinwohl zu befördern, und je wirksamer und durchgreifender er es durch allgemeine Maßnahmen thut, desto weniger brauchen anderweitige Mittel zur Besserung der Arbeiterverhältnisse aufgesucht werden.

Es ist überdies die wichtige Wahrheit vor Augen zu behalten, daß der Staat für Alle da ist, in gleicher Weise für die Niederen wie für die Hohen. Die Arbeiter sind vom naturrechtlichen Standpunkt nicht minder Bürger, wie die Besitzenden, d. h. sie sind wahre Theile des Staates, die am Leben der aus der Gesammtheit der Familien gebildeten Staatsgemeinschaft theilnehmen, und sie bilden zudem, was sehr ins Gewicht fällt, in jeder Stadt bei weitem die größere Zahl der Einwohner. Wenn es also unzulässig ist, nur für einen Theil der Staatsangehörigen zu sorgen, den anderen aber zu vernachlässigen, so muß der Staat durch öffentliche Maßregeln sich in gebührender Weise des Schutzes der Arbeiter annehmen. Wenn dies nicht geschieht, so verletzt er die Forderung der Gerechtigkeit, welche jedem das Seine zu geben befiehlt. Richtig bemerkt in dieser Hinsicht der h. Thomas: „Wie der Theil und das Ganze gewissermassen dasselbe sind, so gehört das, was dem Ganzen gehört, auch gewissermaßen dem Theile an.“ [20])

Unter den vielen und wichtigen Pflichten also, die ein für das Wohl seiner Unterthanen besorgter Fürst zu erfüllen hat, ist es eine der ersten, daß er allen Klassen seiner Unterthanen denselben Schutz angedeihen lasse, in strenger Wahrung jener Gerechtigkeit, die man die „vertheilende“ genannt hat.

Wenn auch alle Staatsangehörigen sich ohne Unterschied an den Leistungen für das Wohl des Staates zu betheiligen haben, indem ja alle die Vortheile der Staatsgemeinschaft genießen, so können sich doch nicht alle im gleichen Grade betheiligen. Wie immer die Regierungsform wechseln mag, stets werden unter den Bürgern jene Standesunterschiede da sein, ohne die überhaupt keine Gesellschaft denkbar ist. Stets wird sich zum Beispiel ein Theil mit den Aufgaben des Staates selbst, mit der Gesetzgebung, der Rechtsprechung, der Verwaltung und den militärischen Angelegenheiten beschäftigen müssen; von selbst werden diese einen höheren Rang unter den Staatsangehörigen einnehmen, weil sie unmittelbar und in hervorragender Weise an dem Gemeinwohl arbeiten. Tragen die übrigen Bürger, z. B. die Gewerbetreibenden, nicht in diesem Maße zum öffentlichen Nutzen bei, so leisten jedoch auch sie offenbar der öffentlichen Wohlfahrt Dienste, wenn auch nur mittelbare. Allerdings besteht das Gemeinwohl vor allem in der Pflege von Rechtschaffenheit und Tugend, und es gehört zum Begriffe sozialer Wohlfahrt, daß sie die Menschen besser mache. Aber auch die Beschaffung der irdischen Mittel, „deren Vorhandensein und Gebrauch zur Ausübung der Tugend unerläßlich ist“,[21]) fällt ebenso in den Bereich des Staates. Zur Herstellung dieser Mittel ist nun die Thätigkeit der niederen arbeitenden Klassen

[20]) II-II. Qu. LXI. a. 1. ad. 2. [21]) De reg. principum I. C. 15.

ebenso wirksam wie unentbehrlich. Ja, es ist eigentlich die Arbeit auf dem Felde, in der Werkstatt, der Fabrik, welche im Staate Wohlhabenheit herbeiführt. Es ist also nur eine Forderung strengster Billigkeit, daß der Staat sich der Arbeiter in der Richtung annehme, ihnen einen entsprechenden Antheil am Gewinne der Arbeit zuzusichern; die Arbeit muß ihnen für Wohnung, Kleidung und Nahrung so viel abwerfen, daß ihr Dasein kein gedrücktes ist. Wenn der Staat somit, wie es seine Pflicht ist, zur Hebung der Lage des arbeitenden Standes alles Thunliche ins Werk setzt, so fügt er dadurch Niemand Nachtheil zu; er nützt aber sehr der Gesammtheit, die ein offenbares Interesse daran hat, daß ein Stand, welcher dem Staate so nothwendige Dienste leistet, nicht im Elend seine Existenz friste.

Der Bürger und die Familie sollen allerdings nicht im Staate aufgehen, wie gesagt wurde, und die Freiheit der Bewegung, soweit sie nicht dem öffentlichen Wohle oder dem Rechte Anderer zuwider ist, muß ihnen gewahrt bleiben. Indessen wirksame Schutzmaßregeln der Regierung sollten der Gesammtheit und den einzelnen Ständen gewidmet sein: der Gesammtheit, weil nach der Ordnung der Natur deren Wohl nicht blos das oberste Gesetz, sondern auch Grund- und Endzweck der höchsten Gewalt überhaupt ist; den einzelnen Ständen, weil die Regierung der Gesammtheit nicht um der Regierenden willen, sondern für die Regierten geführt wird, wie das Vernunft und Glaube lehren. Und da jede Autorität von Gott kommt, als ein Ausfluß der höchsten Autorität, so ist auch die Regierung zu handhaben nach dem Vorbilde der göttlichen Regierung, die da mit gleicher väterlicher Liebe sowohl die Gesammtheit der Geschöpfe als die einzelnen Dinge leitet. Droht also der staatlichen Gesammtheit oder einzelnen Ständen ein Nachtheil, dem anders nicht abzuhelfen ist, so ist es Sache des Staates einzugreifen. — Es liegt sicherlich ebenso im öffentlichen wie im privaten Interesse, daß im Staate Friede und Ordnung herrsche, daß das ganze Familienleben den göttlichen Geboten und dem Naturgesetz entspreche, daß die Religion geachtet und geübt werde, daß im privatem wie im öffentlichen Leben Reinheit der Sitte herrsche, daß Recht und Gerechtigkeit gewahrt und nicht ungestraft verletzt werde, daß die Jugend kräftig heranwachse zum Nutzen und, wo nöthig, zur Vertheidigung des Gemeinwesens. Wenn also sich öffentliche Wirren ankündigen in Folge auflehnerischer Haltung der Arbeiter oder in Folge von Arbeitseinstellungen, wenn die natürlichen Familienbande in den Arbeiterkreisen zerrüttet werden, wenn bei den Arbeitern die Religion gefährdet ist, indem ihnen nicht genügende Zeit und Gelegenheit zu ihren gottesdienstlichen Pflichten gelassen wird, wenn ihrer Sittlichkeit Gefahr droht durch die Art und Weise von gemeinschaftlicher Verwendung beider Geschlechter bei der Arbeit oder durch andere Lockungen zur Sünde; wenn die Arbeitgeber sie ungerechter Weise belasten oder sie zur Annahme von Bedingungen nöthigen, welche der persönlichen Würde und den Menschenrechten zuwiderlaufen;

wenn ihre Gesundheit durch übermäßige Anstrengung oder ihrem Alter und Geschlechte nicht entsprechende Anforderungen untergraben wird — in allen diesen Fällen muß die Autorität und Gewalt des Staates sich geltend machen, jedoch ohne die rechten Schranken zu überschreiten. Nur soweit es zur Hebung des Uebels und zur Entfernung der Gefahr nöthig ist, nicht aber weiter, dürfen die staatlichen Maßnahmen in die Verhältnisse der Bürger eingreifen. Wenn aber überhaupt alle Rechte der Staatsangehörigen sorgfältig beachtet werden müssen und die öffentliche Gewalt darüber zu wachen hat, daß Jedem das Seine bleibe, und daß alle Verletzung der Gerechtigkeit abgewehrt werde oder Strafe finde, so muß doch der Staat beim Rechtsschutze zu Gunsten der Privaten eine besondere Fürsorge für die niedere, unvermögliche Masse sich angelegen sein lassen. Die Wohlhabenden sind nämlich nicht in dem Maße auf den öffentlichen Schutz angewiesen, sie haben die Hilfe eher zur Hand; dagegen hangen die Besitzlosen, ohne eigenen Boden unter den Füßen, fast ganz von der Protection des Staates ab. Die Arbeiter also, die ja zumeist die Besitzlosen bilden, müssen vom Staat in besondere Obhut genommen werden.

Doch es sind hier noch einzelne Momente besonders zu betonen. — Das erste ist, daß die öffentliche Autorität durch entschiedene Maßregeln das Recht und die Sicherheit des privaten Besitzes gewährleisten muß. Die Bewegung der Massen, in welchen die Gier nach fremder Habe erwacht, muß mit Kraft gezügelt werden. Ein Streben nach Verbesserung der eigenen Lage ohne ungerechte Schädigung Anderer tadelt Niemand; aber auf Aneignung fremden Besitzes ausgehen und das unter dem thörichten Vorgeben, es müsse eine Gleichmachung in der Gesellschaft erfolgen, das ist ein Angriff auf die Gerechtigkeit und auf das Gemeinwohl zugleich. Ohne Zweifel zieht es der allergrößte Theil der Arbeiter vor, durch die ehrliche Arbeit und ohne Beeinträchtigung des Nächsten sich zu einer besseren Stellung zu erschwingen. Aber zahlreich sind auch die Unruhestifter, die Verbreiter falscher Ideen, denen jedes Mittel recht ist, um einen Umsturz vorzubereiten und das Volk zur Gewaltthätigkeit zu verleiten. Es muß also die Gewalt dazwischen treten, dem Hetzen Einhalt gebieten, die friedliche Arbeit vor der Verführung und Aufreizung schützen, den rechtmäßigen Besitz gegen den Raub sicher stellen.

Nicht selten greifen die Arbeiter zu gemeinsamer Arbeitseinstellung, um gegen die Lohnherren einen Zwang auszuüben, wenn ihnen die Anforderungen zu schwer, die Arbeitsdauer zu lang, der Lohnsatz zu gering erscheint. Dieses Vorgehen, das in der Gegenwart immer häufiger wird und immer weiteren Umfang annimmt, fordert die öffentliche Gewalt auf, Gegenwehr zu ergreifen; denn die Ausstände gereichen nicht bloß den Arbeitgebern mitsammt den Arbeitern insgemein zum Schaden, sie benachtheiligen auch empfindlich Handel und Industrie, überhaupt den ganzen öffentlichen Wohlstand. Außerdem geben sie erfahrungsmäßig Anlaß zu Gewaltthätigkeiten und Unruhen und stören so den Frieden im Staate. Dem gegenüber ist diejenige Art der Abwehr am meisten zu empfehlen, welche durch entsprechende Anordnungen und Gesetze dem Uebel zuvorzukommen trachtet und sein Entstehen hindert durch Beseitigung jener Ursachen, die den Konflikt zwischen den Anforderungen der Brodherren und der Arbeiter herbeizuführen pflegen.

Der Staat ist dagegen den Arbeitern in mehrfacher praktischer Richtung seinen Schutz schuldig, und zwar zunächst in Hinsicht ihrer geistigen Güter. Ist auch das irdische Leben fürwahr ein Gut, das aller Sorge werth ist, so besteht doch in ihm nicht das höchste uns gesetzte Ziel. Es hat nur als Weg, als Mittel zur Erreichung des Lebens der Seele zu gelten. Dieses Leben der Seele ist Erkenntniß der Wahrheit und Liebe zum Guten. In die Seele ist das erhabene Ebenbild des Schöpfers eingedrückt, und in ihr thronet jene hohe Würde des Menschen, kraft deren er über die niedrigen Naturwesen zu herrschen und Erde und Meer sich dienstbar zu machen berufen ist. „Erfüllet die Erde und unterwerfet sie, und herrschet über die Fische des Meeres und die Vögel des Himmels und alle Thiere, die sich bewegen auf der Erde.“ [22]) Unter dieser Rücksicht sind alle Menschen gleich; kein Unterschied der Menschenwürde zwischen Reich und Arm, Herr und Diener, Fürst und Unterthan, „denn derselbe ist der Herr aller.“ [23]) Keine Gewalt darf sich ungestraft an der Würde des Menschen vergreifen, da doch Gott selbst, wie die heilige Schrift sagt, „mit großer Achtung“ über ihn verfügt; keine Gewalt darf ihn auf dem Wege christlicher Pflicht und Tugend, der ihn zum ewigen Leben im Himmel führen soll, zurückhalten. Ja, der Mensch besitzt nicht einmal selbst die Vollmacht, auf die hierzu nöthige Freiheit Verzicht zu leisten und sich der Rechte, die seine Natur verlangt, zu begeben, denn nicht um Befugnisse, die in seinem Belieben stehen, handelt es sich, sondern um unausweichliche, über alles heilig zu haltende Pflichten gegen Gott. — Hiermit ist die Grundlage der pflichtmäßigen Sonntagsruhe bezeichnet. Die Sonntagsruhe bedeutet nicht soviel wie Genuß einer trägen Unthätigkeit. Noch weniger besteht sie in der Freiheit von Regel und Ordnung, und sie ist nicht dazu da, wozu sie Manchem erwünscht ist, nämlich um den Leichtsinn und die Ausgelassenheit zu begünstigen, oder um Gelegenheit zu überflüssigen Ausgaben zu schaffen. Sie ist vielmehr eine durch die Religion geheiligte Ruhe von der Arbeit. Die religiös geweihte Ruhe enthebt den Menschen den Geschäften des täglichen Lebens, der Last gewohnter Arbeit, um ihn aufzurufen zu den höheren Gedanken des Himmels; die Kirche ladet ihn ein, sich als Sohn des Allerhöchsten zu fühlen

---

[22]) I. Mos. 1, 28. [23]) Röm. 10, 12.

und im Bewußtsein der ehrenvollsten seiner Pflichten an den Handlungen des Gottesdienstes theilzunehmen. „Gedenke, daß du den Sabbat heiligest,“ [24]) so sprach Gott im Alten Bunde, als er unter strengen Geboten den Ruhetag vorschrieb, und einen religiösen, heiligen Charakter besaß die Ruhe seit ihrer ursprünglichen Einführung durch den Schöpfer, welcher in jener seiner geheimnißvollen Ruhe nach der Erschaffung des Menschen selbst davon das Vorbild gab: „Er ruhte am siebenten Tage von allem Werke, das er geschaffen hatte.“ [25])

Was sodann den Schutz der irdischen Güter des Arbeiterstandes angeht, so ist vor Allem jener unwürdigen Lage ein Ende zu machen, in welche derselbe durch den Eigennutz und die Hartherzigkeit von Brotherren versetzt ist, welche die Arbeiter maßlos ausbeuten und sie nicht wie Menschen, sondern als Sachen behandeln. Die Gerechtigkeit und die Menschlichkeit erheben Einsprache gegen Arbeitsforderungen von solcher Höhe, daß der Körper unterliegt und der Geist sich abstumpft. Wie im Menschen Alles seine Grenzen hat, so auch die Leistungsfähigkeit bei der Arbeit, und über die Schranken des Vermögens kann man nicht hinausgehen. Die Arbeitskraft steigert sich freilich bei Uebung und Anspannung, aber nur dann verspricht sie die wirklich zukömmliche Leistung, wenn zur rechten Zeit für Unterbrechung und Ruhe gesorgt ist. In Bezug auf die tägliche Arbeitszeit muß also der Grundsatz gelten, daß sie nicht länger sein darf, als es den Kräften der Arbeiter entspricht. Wie lange die Ruhe aber dauern müsse, das richtet sich nach der Art der Arbeit, nach Zeit und Ort, nach den körperlichen Kräften. Berg- und Grubenarbeiten erfordern offenbar größere Anstrengung als andere und sind mehr gesundheitsschädlich; für sie muß also eine kürzere Durchschnittszeitdauer angesetzt werden. Gewisse Arbeiten sind ebenso in der einen Jahreszeit je nach den Gegenden kaum durch kurze Frist ausführbar, während sie in der anderen Zeit keine Schwierigkeit schaffen. Endlich was ein ewachsener kräftiger Mann leistet, dazu ist eine Frau oder ein Kind nicht im Stande. Die Kinderarbeit insbesondere erheischt die menschenfreundlichste Fürsorge Es wäre nicht zuzulassen, daß Kinder die Werkstatt oder Fabrik beziehen, ehe Leib und Geist zur gehörigen Reife gediehen sind. Die Entfaltung der Kräfte wird in den jungen Wesen durch vorzeitige Anspannung erstickt, und ist einmal die Blüthe des kindlichen Alters gebrochen, so ist es um die ganze Entwickelung in traurigster Weise geschehen. Ebenso ist durchaus zu beachten, daß manche Arbeiten weniger zukömmlich sind für das weibliche Geschlecht, welches überhaupt für die häuslichen Verrichtungen eigentlich berufen ist. Diese letztere Gattung von Arbeit gereicht dem Weibe zu einer Schutzwehr seiner Würde, erleichtert die gute Erziehung der Kinder und befördert das häusliche Glück. Im Allgemeinen aber ist daran festzuhalten, daß den Arbeitern so viel Ruhe zu sichern sei, wie zur

---

[24]) II. Mos. 20, 8. [25]) I. Mos. 2, 2.

Herstellung ihrer bei der Arbeit aufgewendeten Kräfte nöthig ist; denn die Unterbrechung der Arbeit hat eben den Ersatz der Kräfte zum Zwecke. Bei jeder Verbindlichkeit, die zwischen Brotherren und Arbeitern eingegangen wird, ist ausdrücklich oder stillschweigend die Bedingung vorhanden, daß die oben genannte doppelte Art von Ruhe dem Arbeiter gesichert sei. Eine Vereinbarung ohne diese Bedingung wäre sittlich nicht zulässig, weil die Preisgabe von Pflichten gegen Gott und gegen sich selbst von Niemand gefordert und von Niemand zugestanden werden kann.

Wir berühren im Anschlusse hieran eine Frage von sehr großer Wichtigkeit, bei welcher viel auf richtiges Verständniß ankommt, damit nicht nach der einen oder nach der anderen Seite hin gefehlt werde. Da der Lohnsatz vom Arbeiter angenommen wird, so könnte es scheinen, als sei der Arbeitgeber nach erfolgter Auszahlung des Lohnes aller weiteren Verbindlichkeiten enthoben. Man könnte meinen, ein Unrecht läge nur dann vor, wenn entweder der Lohnherr einen Theil der Zahlung zurückbehalte oder der Arbeiter nicht die vollständige Leistung verrichte, und einzig in diesen Fällen sei für die Staatsgewalt ein gerechter Grund der Dazwischenkunft vorhanden, damit nämlich jedem das Seine zu Theil werde. — Indeß diese Schlußfolgerung kann nicht vollständigen Beifall finden; der Gedankengang weist eine Lücke auf, indem ein wesentliches hierher gehöriges Moment übergangen wird. Es ist das folgende: Arbeiten heißt seine Kräfte anstrengen zur Beschaffung des Lebensunterhaltes und zur Besorgung aller irdischen Bedürfnisse. „Im Schweiße deines Angesichts sollst du dein Brot verzehren." [26]) Zwei Eigenschaften wohnen demzufolge der Arbeit inne: sie ist persönlich, insofern die bethätigte Kraft und Anstrengung persönliches Gut des Arbeitenden ist; und sie ist nothwendig, weil sie den Lebensunterhalt einbringen muß und eine strenge natürliche Pflicht die Erhaltung des Daseins gebietet. Wenn man nun die Arbeit lediglich, soweit sie persönlich ist, betrachtet, wird man nicht in Abrede stellen können, daß es im Belieben des Arbeitenden steht, in jeden verringerten Ansatz des Lohnes einzuwilligen: er leistet eben die Arbeit nach persönlichem Entschluß und kann sich auch mit einem geringen Lohne begnügen oder gänzlich auf denselben verzichten. Anders aber stellt sich die Sache dar, wenn man die andere unzertrennliche Eigenschaft der Arbeit mit in Erwägung zieht, ihre Nothwendigkeit. Die Erhaltung des Lebens ist die nothwendigste Pflicht eines Jeden. Hat Jeder ein natürliches Recht, den Lebensunterhalt zu finden, so ist hinwieder der Dürftige hierzu auf die Händearbeit nothwendig angewiesen. Wenn also auch immerhin die Vereinbarung zwischen Arbeiter und Arbeitgeber, insbesondere hinsichtlich des Lohnes, beiderseitig frei geschieht, so bleibt

[26]) I. Mos. 3, 17, 19.

doch immerhin eine Forderung der natürlichen Gerechtigkeit bestehen, die nämlich, daß der Lohn nicht etwa so niedrig sei, daß er einem genügsamen, rechtschaffenen Arbeiter den Lebensunterhalt nicht abwirft. Diese schwerwiegende Forderung ist unabhängig von dem freien Willen der Vereinbarenden. Gesetzt, der Arbeiter beugt sich aus reiner Noth oder um einem schlimmeren Zustande zu entgehen, den allzuharten Bedingungen, die ihm nun einmal vom Arbeitsherrn oder Unternehmer auferlegt werden, so heißt das Gewalt leiden, und die Gerechtigkeit erhebt gegen einen solchen Zwang Einspruch. — Damit aber in solchen Fragen, wie diejenige der täglichen Arbeitszeit für die verschiedenen Arbeitsarten, und diejenige der Schutzmaßregeln gegen Gesundheitsgefahr und Unfälle, zumal in Fabriken, die öffentliche Gewalt sich nicht in ungehöriger Weise einmische, so erscheint es in Anbetracht der Verschiedenheit der zeitlichen und örtlichen Umstände durchaus rathsam, jene Fragen vor die Ausschüsse zu bringen, von denen Wir unten näher handeln werden, oder einen anderen Weg zur Vertretung der Interessen der Arbeiter einzuschlagen, je nach Erforderniß unter Mitwirkung und Leitung der Behörden.

Gewinnt der Arbeiter einen genügenden Lohn, um sich mit Frau und Kind anständig zu erhalten, ist er zugleich weise auf Sparsamkeit bedacht, so wird er es, dem natürlichen Drange folgend, auch dahin bringen, daß er eine Baarschaft zurücklegen und zu einem kleinen Vermögen gelangen kann. Nicht bloß muß der private Besitz, will man zu irgend einer wirksamen Lösung der sozialen Frage gelangen, als ein unantastbares Recht gelten, sondern der Staat muß also auch dieses Recht in der Gesetzgebung begünstigen und sollte in seinen Maßregeln dahin zielen, daß möglichst viele aus den Staatsangehörigen irgend ein bescheidenes Eigenthum zu erwerben trachten. Ein solcher Zustand würde von beträchtlichen Vortheilen begleitet sein. Dahin gehört zuerst eine der Billigkeit mehr entsprechende Vertheilung der irdischen Güter. Es ist Folge der Umgestaltung der bürgerlichen Verhältnisse seit dem vorigen Jahrhundert, daß die Bevölkerung der Städte sich in zwei Klassen geschieden sieht, die eine gewisse Kluft von einander trennt. Auf der einen Seite die Uebermacht des Kapitals, welches Industrie und Markt völlig beherrscht, und weil es Träger aller Unternehmungen, Nerv aller öffentlichen Thätigkeit ist, nicht bloß seinen Besitzer pekuniär immer mehr bereichert, sondern auch denselben in staatlichen Dingen zu einer einflußreichen Betheiligung beruft. Auf der andern Seite jene Menge, die der Güter dieses Lebens entbehren muß und die mit Erbitterung erfüllt und zu Unruhen geneigt ist. Wenn nun diesen niederen Klassen Aussicht gegeben würde, bei Fleiß und Anstrengung zu einem kleinen Grundbesitze zu gelangen, so müßte allmählich eine Annäherung zwischen den zwei Lagern von Staatsbürgern stattfinden; es würden die Gegensätze von äußerster Armuth und angehäuftem Reichthum mehr und mehr verschwinden. — Es würde dabei zugleich der Ackerbau ohne Zweifel gewinnen. Denn bei dem Bewußtsein, auf eigener Scholle zu arbeiten, arbeitet man ohne Zweifel mit größerer Betriebsamkeit und Hingabe; man schätzt den Boden in demselben Maße, als man ihm Mühe opfert, man gewinnt ihn lieb, wenn man in ihm die versprechende Quelle eines kleinen Wohlstandes für sich und die Familie erblickt. Es liegt also auf der Hand, wie viel der Landbau, wie viel der Gesammtwohlstand des Volkes gewinnen würden. — Als dritter Vortheil ist zu nennen die Stärkung des Heimathsgefühles, der Liebe zum Boden, welcher die Stätte des elterlichen Hauses, der Ort der Geburt und Erziehung gewesen. Sicher würden viele Auswanderer, die jetzt in der Ferne eine andere Heimath suchen, die bleibende Ansässigkeit zu Hause vorziehen, wenn die Heimath ihnen eine erträgliche materielle Existenz darböte. Obige Vortheile werden jedoch offenbar dann nicht gewonnen, wenn der Staat seinen Angehörigen so hohe Steuern auflegt, daß dadurch das Privateigenthum aufgezehrt wird. Das Recht auf Privatbesitz, das von der Natur kommt, kann der Staat nicht aufheben; er kann nur den Gebrauch des Eigenthums regeln und dasselbe mit den öffentlichen Interessen in Einklang bringen. Es ist also gegen Recht und Billigkeit, wenn der Staat vom Vermögen der Unterthanen einen übergroßen Antheil als Steuer sich aneignet.

Endlich können und müssen aber auch die Lohnherren und die Arbeiter selbst zu einer gedeihlichen Lösung der Frage durch Maßnahmen und Einrichtungen mitwirken, die den Nothstand möglichst heben und die eine Klasse der andern näher bringen helfen. Hierher gehören Vereine zu gegenseitiger Unterstützung, private Veranstaltungen zur Hilfeleistung für den Arbeiter und seine Familie, bei plötzlichem Unglück, in Krankheits- und Todesfällen, Einrichtungen zum Rechtsschutz für Kinder, jugendliche Personen oder auch Erwachsene. Den ersten Platz aber nehmen in dieser Hinsicht die Arbeitervereine ein, unter deren Zweck einigermaßen alles andere Genannte fällt. In der Vergangenheit haben die Korporationen von Handwerkern und Arbeitern lange Zeit eine gedeihliche Wirksamkeit entfaltet. Sie brachten nicht bloß ihren Mitgliedern erhebliche Vortheile, sondern trugen auch viel bei zur Entwicklung von Handwerk und Industrie, wie die Geschichte dessen Zeuge ist. In einer Zeit wie die unsrige mit ihren geänderten Lebensgewohnheiten können natürlich nicht die alten Innungen in ihrer ehemaligen Gestalt wieder ins Leben gerufen werden; die neuen Sitten, der Fortschritt in Wissenschaft und Bildung, die gesteigerten Lebensbedürfnisse, alles stellt andere Anforderungen. Aber es ist nothwendig, das Korporationswesen unter Beibehaltung des alten Geistes, der es belebte, den Bedürfnissen der Gegenwart anzupassen. Sehr erfreulich ist es, daß in unserer Zeit mehr und mehr Vereinigungen jener Art entstehen, sei es, daß sie aus Arbeitern allein oder aus Arbeitern und Arbeitgebern sich bilden, und man kann nur wünschen, daß sie an Zahl und an innerer Kraft zunehmen. Obgleich Wir schon wiederholt von den Arbeitervereinen gesprochen haben, wollen Wir doch an dieser Stelle eingehender ihre Zeitgemäßheit und Berechtigung darlegen, indem Wir damit das Nöthige über ihre Einrichtung und die von ihnen festzuhaltenden Ziele verbinden.

Es ist die Beschränktheit der eigenen Kräfte, die den Menschen stets von selbst dazu antreibt, sich mit andern zu gegenseitiger Hilfe und Unterstützung zu verbinden. „Es ist besser, daß zwei zusammen seien, als daß einer allein stehe; sie haben den Vortheil ihrer Gemeinschaft. Fällt der eine, so wird er vom andern gehalten. Wehe dem Vereinzelten! Wenn er fällt, so hat er niemand, der ihn aufrichtet.“ [27] So das Wort der hl. Schrift. Und wiederum: „Der Bruder, der vom Bruder unterstützt wird, ist gleich einer festen Stadt.“ [28] Wie dieser natürliche Zug zur Gemeinschaft also den Menschen zum staatlichen Zusammenleben führt, so treibt er ihn auch zu den verschiedensten Vereinigungen mit anderen Menschen. Wenngleich es keine vollkommene Gesellschaften sind, die durch solche Vereinigung entstehen, so sind es doch wahre Gesellschaften. Zwischen ihnen und der staatlichen Gesellschaft besteht ein mannigfaltiger Unterschied. Der Zweck des Staates umfaßt alle Einwohner, denn er geht auf die allgemeine öffentliche Wohlfahrt, deren Vortheile alle zu genießen das Recht haben; und der Staat wird eben darum als das „Gemeinwesen“ bezeichnet, weil in demselben, um mit dem hl. Thomas zu sprechen, „die Menschen sich vereinigen, um eine Gemeinschaft zu bilden“. [29] Jene Gesellschaften hingegen, die sich im Schooße des Staates bilden, heißen private, weil ihr nächster Zweck der private Nutzen, nämlich der Nutzen ihrer Mitglieder ist. „Eine private Gesellschaft,“ sagte der h. Thomas, „ist jene, welche ein privates Ziel verfolgt; eine solche ist z. B. vorhanden, wenn zwei oder drei sich zur Durchführung eines Handelsgeschäftes verbinden.“ [30] Wenngleich nun diese privaten Gesellschaften innerhalb der staatlichen Gesellschaft bestehen und gewissermaßen einen Theil von ihr bilden, so besitzt der Staat nicht schlechthin die Vollmacht, ihr Dasein zu verbieten. Sie ruhen auf der Grundlage des Naturrechts; und das Naturrecht kann der Staat nicht ändern, sein Beruf ist es vielmehr, dasselbe zur Anerkennung zu bringen. Verbietet ein Staat dennoch die Bildung solcher Genossenschaften, so handelt er gegen sein eigenes Princip, da er ja selbst ganz ebenso wie die privaten Gesellschaften unter den Staatsangehörigen, einzig aus dem natürlichen Triebe des Menschen zu gegenseitiger Vereinigung entspringt. — Allerdings ist in manchen einzelnen Fällen die staatliche Gewalt vollauf berechtigt, gegen Vereine vorzugehen; so wenn sie sich zu Zielen bekennen, die offenkundig gegen Recht und Sittlichkeit oder

---

[27] Pred. 4, 9—12. [28] Sprichw. 18, 19. [29] Contra impugnantes Dei cultum et religionem, Cap. 2. [30] Ebenda.

sonstwie gegen die öffentliche Wohlfahrt gerichtet sind. Steht dem Staate die Befugniß zu, die Bildung solcher Vereine zu hindern und bestehende aufzulösen, so liegt es ihm anderseits sehr strenge ob, jedem Eingriffe in die Rechte der Unterthanen aus dem Wege zu gehen. Der Vorwand des nöthigen Schutzes für die öffentlichen Interessen darf ihn auf keine Weise zu Schritten verleiten, die irgend eine Ungerechtigkeit einschließen. Denn staatliche Gesetze und Anordnungen besitzen inneren Anspruch auf Gehorsam nur, insofern sie der Vernunft und eben deshalb dem ewigen Gesetze Gottes entsprechen.[31])

Wir haben hier die mannigfachen Genossenschaften, Vereine und geistliche Orden im Auge, welche in früherer Zeit auf dem Boden der Kirche entsprossen sind, Gründungen der Kirche und der frommen Gesinnung ihrer Kinder. Wie viel Segen sie gebracht haben, davon ist die Vergangenheit bis auf unsere Tage Zeuge. Der sittliche Character ihres Zweckes sagt schon der bloßen Vernunft, daß sie ein natürliches und unbestreibares Recht des Bestandes haben. Insoweit sie aber religiöser Natur sind, hat ausschließlich die Kirche über sie zu verfügen. Die Regierungen besitzen keinerlei Rechte über sie und sind im Besonderen auch nicht bevollmächtigt, ihre äußere Verwaltung an sich zu ziehen; sie sind ihnen im Gegentheil den Tribut der Achtung und des Schutzes schuldig, sie haben die Pflicht, für dieselben einzutreten, um gegebenenfalls Unrecht von ihnen abzuwenden. Leider haben Wir indessen, namentlich in letzter Zeit, ganz andere Dinge geschehen sehen. An vielen Orten ist die staatliche Obrigkeit gegen jene Corporationen mit ungerechten und verletzenden Maßregeln vorgegangen; sie hat die Freiheit derselben durch gehässige Gesetzbestimmungen eingeschränkt, hat ihnen Stellung und Rechte einer juristischen Person entzogen, hat sie schnöde ihres Vermögens beraubt. Auf das Vermögen besaß aber nicht blos die Kirche unveräußerliche Rechte, sondern auch die Stifter und Wohlthäter, welche ihre Beiträge für jene frommen Zwecke bestimmt hatten, und endlich diejenigen, für deren Besten die Stiftungen geschaffen waren. Deshalb können Wir Uns nicht enthalten, gegen jene ungerechten und verderblichen Beraubungen Beschwerde zu erheben. Hierbei ist insbesondere dies ein betrübender Umstand, daß den friedlichen und allseitig nützlichen Vereinigungen katholischer Männer der Krieg erklärt wird zu gleicher Zeit, wo verkündet wird, daß Vereinsfreiheit ein allgemeines gesetzliches Gut sei,

---

[31]) „Das menschliche Gesetz hat den Charakter eines wahren Gesetzes," so lehrt der hl. Thomas, „insoweit als es der Vernunft entspricht; unter dieser Rücksicht leitet es sich, wie offenbar, vom ewigen Gesetze ab. Insoferne es aber von der Ordnung der Vernunft abirrt, heißt es ein ungerechtes Gesetz und hat es nicht den Charakter eines Gesetzes, sondern eher einer Vergewaltigung." (Summa Theol. I. II. Qu. XIII. a. 3.)

und wo der Gebrauch dieser Freiheit religionsfeindlichen und staatsgefährlichen Verbindungen im weitesten Umfange gestattet wird.

Die verschiedensten Genossenschaften und Vereinigungen treten in unserer Zeit, zumal in den Arbeiterkreisen, in viel größerer Zahl auf als früher. Woher manche ihren Ursprung nehmen, wohin sie zielen, auf welchem Wege sie sich verbreiten, das ist hier nicht zu untersuchen. Aber wir müssen auf die allgemeine durch Thatsachen gestützte Meinung hinweisen, daß sehr viele dieser Vereine einer einheitlichen geheimen Leitung gehorchen und Einrichtungen haben, die dem Wohle der Religion und des Staates nicht entsprechen; daß sie darauf ausgehen, ein gewisses Arbeitsmonopol in ihre Hand zu bringen und die charakterfesten Arbeiter, die den Beitritt zurückweisen, in Verlegenheit und Elend zu versetzen. — Damit sehen sich christlich gesinnte Arbeiter vor die Wahl gestellt, entweder Mitglieder von Bünden zu werden, die ihrer Religion Gefahr bringen, oder aber ihrerseits Vereine zu gründen, um mit gemeinsamen Kräften gegen jenes schmähliche System der Unterdrückung anzukämpfen. Jeder, der nicht die höchsten Güter der Menschheit aufs Spiel gesetzt sehen will, muß das letztere als höchst zeitgemäß und wünschenswerth betrachten.

In klarer Erkenntniß der Forderungen der Zeit beschäftigt sich eine Reihe katholischer Männer mit dem Studium der sozialen Frage, und sie verdienen das höchste Lob für die Hingebung, mit welcher sie die Mittel aufsuchen und erproben, durch welche die niederen Stände nach und nach in eine bessere Lage versetzt werden können. Wir sehen sie des herrschenden Uebelstandes und der materiellen Stellung der Familien und der Einzelnen sich annehmen. Sie arbeiten dahin, daß in der gegenseitigen Verbindlichkeit zwischen Lohnherr und Arbeiter Billigkeit und Gerechtigkeit zur Geltung komme. Sie suchen in anerkennenswerther Weise bei beiden Theilen das Gefühl der Pflicht und den Gehorsam gegen die Vorschriften des heiligen Evangeliums zu kräftigen; diese göttlichen Vorschriften sind es ja, welche der Genußsucht und der Unmäßigkeit mit Macht Grenzen ziehen und bei aller Ungleichheit der gesellschaftlichen Stände eine friedliche Wechselbeziehungen zwischen denselben aufrecht halten. Treffliche Männer vereinigen sich zu Versammlungen, um das Vorgehen zu Gunsten der Arbeiter zu berathen und die sich ergebenden schwierigen Fragen des wirthschaftlichen Lebens einer Lösung näher zu bringen. Anderwärts ist das löbliche Bestreben wach geworden, Handwerker und Arbeiter in Vereinen zu organisiren und sie mit Rath und That zu unterstützen, daß ihnen eine dauernde und anständige Arbeit gesichert sei. Die Bischöfe aber eifern diese ganze Thätigkeit an und bieten ihr einen Rückhalt mit ihrer Auctorität. Im Namen der Bischöfe betheiligen sich tüchtige Mitglieder des Welt- und Ordensclerus an der Leitung der Vereine nach ihrer religiösen Seite. Es fehlt auch nicht an reichen Katholiken, die sich mit Großmuth zu Gönnern und Genossen des arbeitenden Standes machen, und die für die Errichtung und Ausbreitung von Vereinen ansehnliche Geldmittel auswerfen; sie garantiren damit dem Arbeiter, welcher Theil nimmt, einen regelmäßigen und ausreichenden Unterhalt, ja versetzen ihn in die Möglichkeit, für das Alter sich ein kleines Kapital zurückzulegen, das ihn der Sorgen enthebt. Es braucht nicht gesagt zu werden, welchen Nutzen bisher schon diese vielfache und eifrige Thätigkeit geschaffen hat. Wir nähren im Hinblick darauf die besten Hoffnungen für die Zukunft, wenn anders diese Vereine sich an Zahl vermehren, und wenn sie weise organisirt werden. Der Staat sollte ihnen seine schützende Hand leihen, aber in ihre inneren Angelegenheiten darf er nicht eingreifen; fremdartige Eingriffe gereichen sehr leicht einem Leben, das von innen, vom eigenen Prinzip ausgehen muß, zur Zerstörung.

Umsicht und Weisheit sind unerläßlich zur Erhaltung der nothwendigen inneren Einheit und Harmonie. Wenn also das Vereinsrecht ein Recht der Staatsbürger ist, wie es thatsächlich der Fall, so müssen auch jene Vereine unbehindert ihre Statuten und Einrichtungen dem Zwecke entsprechend gestalten dürfen. Es ist unmöglich, die Einrichtungen der gedachten Vereine in einer für alle geltenden Form vorzuzeichnen; dazu hängen sie zu sehr vom Volkscharakter, von den Erfahrungen, von der Ausdehnung des Handels, von der Art und Einträglichkeit der verschiedenen Arbeiten, endlich von manchen anderen Umständen ab, die in Erwägung zu ziehen sind. Vor allem kommt es darauf an, bei Gründung und Leitung dieser Vereine ihren Zweck im Auge zu behalten und demselben die Statuten und alle Thätigkeit dienstbar zu machen; Zweck aber ist die Hebung und Förderung der leiblichen und geistigen Lage der Arbeiter. Das religiöse Element muß dem Vereine zu einer Grundlage seiner Einrichtungen werden. Die Religiösität der Mitglieder soll das wichtigste Ziel sein, und darum muß der christliche Glaube die ganze Organisation durchdringen. Anderenfalls würde der Verein in Bälde sein ursprüngliches Gepräge einbüßen; er würde auf gleiche Linie mit jenen Bünden kommen, welche die Religion aus ihren Kreisen ausschließen.

Was nützt es aber dem Arbeiter, für seine irdische Wohlfahrt noch so viel Vortheil vom Verein zu gewinnen, wenn aus Mangel an geistiger Nahrung seine Sache in Gefahr kommt? „Was nützt es dem Menschen, wenn er die ganze Welt gewinnt, aber an seiner Seele Schaden leidet?“ [32]) Christus, der Herr, hat ein unterscheidendes Merkmal zwischen Heiden und Christen in den Worten hingestellt: „Diesem allem gehen die Heiden nach. Suchet zuerst das Reich Gottes und seine Gerechtigkeit, und dieses Alles wird euch hinzugegeben werden.“ [33]) Indem also jene Vereine das Reich Gottes zum letzten Zielpunkt nehmen, sollen sie darauf bedacht sein, den religiösen Unterricht der Arbeiter zu befördern. Die Unwissenheit in Glaubenssachen, die wachsende Unkenntniß der Pflichten gegen Gott und den

[32]) Matth. 16, 26. [33]) Matth. 6, 32, 33.

Nächsten soll durch geeignete Unterweisungen bekämpft werden. Man sorge für gründliche Aufklärung der Irrthümer der Zeit und über die Trugschlüsse der Glaubensfeinde, für Belehrung und Warnung betreffs der Lockmittel zur Verführung. Man erwecke bei den Mitgliedern Hochschätzung der Frömmigkeit und des Gottesdienstes; insbesondere halte man sie zur religiösen Feier der Sonn- und Festtage an. Man lehre den Arbeiter, die Kirche Gottes als allgemeine Mutter verehren und lieben, ihre Gebote befolgen und die Gnadenmittel ihrer Sakramente, die da die Seele durch göttlichen Hauch reinigen und mit Tugend erfüllen, würdig sich zu Nutze machen.

Hat der Verein in dieser Weise die Religion zum Fundament genommen, so ist damit schon die Richtung gegeben für die Festsetzung des gegenseitigen Verhältnisses der Vereinsgenossen. Dem Zwecke entsprechend sind die Aemter in einer Weise zu vertheilen, daß nicht ein zu großer Abstand der Personen die Eintracht gefährde. Auch soll man streben, alle Klagen wegen Beeinträchtigung von Mitgliedern im vornhinein abzuschneiden durch klare und einsichtige Vorzeichnung des Geschäftskreises. Die gemeinsame Kasse werde gewissenhaft verwaltet. Die dem Einzelnen zu gewährende Hilfe bestimme man nach dem wahren Bedürfnisse. Als wichtiges Ziel gelte stets der Einklang zwischen Arbeitern und Lohnherren in Bezug auf Rechte und Pflichten. Zur Erledigung gegenseitiger Beschwerden zwischen beiden Parteien sollten Ausschüsse aus unbescholtenen und erfahrenen Männern gebildet werden mit entscheidender Geltung ihres Schiedsspruches; es wäre sehr wünschenswerth, daß diese Schiedsgerichte Vertreter der Arbeitgeber, wie der Arbeiter in ihrem Schooße hätten, und daß kraft der Statuten die Mitglieder der Arbeitervereine gehalten wären, sich an dieselben zu wenden. Ein Hauptbemühen hat ferner dahin zu gehen, daß es den Mitgliedern nie an Arbeit fehle, und daß eine gemeinsame Kasse vorhanden sei, aus welcher den Einzelnen die Unterstützungen zufließen bei Arbeitsstockungen, in Krankheiten, im Alter und bei Unglücksfällen. — Wofern derlei Bestimmungen befolgt werden, wird gewiß manches zur Hebung der Mißstände, wenigstens der drückendsten, erreicht sein, und ohne Zweifel werden die katholischen Arbeitervereine einen kräftigen Hebel zur Förderung der öffentlichen Wohlfahrt abgeben können. Die Vergangenheit gestattet in mancher Hinsicht auch auf unserem Gebiete einen Blick in die Zukunft. Es wiederholen sich die gleichen Erscheinungen bei allem Wechsel der Zeiten und der Völker oft mit wunderbarer Aehnlichkeit, weil der Weltlauf der Vorsehung Gottes untergeordnet ist, welche nach ewigem Plane alle Dinge ihrem höchsten Zwecke anbequemt und dienstbar macht. — Bekannt ist, daß dem Christenthum in den ersten Jahrhunderten der Vorwurf entgegengehalten wurde, seine Anhänger seien meist nur arme Leute, die von Händearbeit lebten. Indessen diese Armen, diese Verachteten errangen allmählich die Gunst der Reichen und Mächtigen. Sie boten der Welt ein Schauspiel der Arbeitsamkeit, der Friedfertigkeit, aller Rechtschaffenheit und zumal der brüderlichen Liebe. Gegenüber diesem beredten Zeugnisse ihres Wandels schwanden die Vorurtheile, verstummten die gehässigen Anklagen, und der heidnische Unglaube mußte sich vor dem ausstrahlenden Lichte der christlichen Wahrheit nach und nach zurückziehen. — In der Gegenwart ist die Arbeiterfrage Gegenstand vielfachen Streites. Daß dieser Streit eine friedliche und gesetzmäßige Lösung finde, liegt im höchsten Interesse des Staates. Die Frage wird aber durch die christlich gesinnten Arbeiter einer richtigen Lösung näher geführt werden, wenn diese in gut organisirten Vereinen und unter weiser Führung denselben Weg einschlagen, welchen die Christen im Alterthume der übermächtigen heidnischen Welt gegenüber zu ihrem eigenen Heil und dem der Gesellschaft eingehalten haben. Denn so stark auch die Macht des Vorurtheils und der Leidenschaft ist, so wird dennoch überall, wo nicht ein verderbter Wille das Gefühl für Recht und Wahrheit abgestumpft hat, die öffentliche Gunst sich Männern zuwenden, welche Fleiß, Mäßigkeit und Zucht auf ihre Fahne geschrieben haben; man wird für Arbeiter Partei ergreifen, welchen Billigkeit und Recht über den Gewinn, und ernste Pflichttreue über alle anderen Rücksichten geht.

Die Verbreitung dieser Arbeitervereine würde auch denjenigen Arbeitern zu Gute kommen und ihre Rückkehr zu besserer Gesinnung erleichtern, welche Glaube oder Sittlichkeit daran gegeben haben. Sie fühlen es vielfach ja selbst in ihrem Innern, wie hart sie von geldgierigen Herren behandelt und daß sie nur nach der Höhe des Gewinnes, den sie bringen, gewerthet wurden. Es ist ihnen nicht verborgen, daß in den Vereinen, denen sie sich angeschlossen haben an Stelle gegenseitiger Achtung und Liebe nur Zwietracht herrsche, die ja immer im Gefolge der gewissenslosen und glaubenslosen Armuth auftritt. Wie gar viele dieser Unglücklichen, die körperlich gebrochen und geistig entmuthigt sind, möchten solch' erniedrigender Knechtschaft entrinnen, sie wagen es aber nicht, sei es, daß sie die Scham oder die Furcht vor Armuth zurückhält. Diesen allen nun könnten die katholischen Arbeitervereine große Hilfe bringen, wenn sie nämlich die Schwankenden nach Ueberwindung der Hindernisse in ihre Mitte einlüden und den reuig Zurückkehrenden Schutz und brüderliche Theilnahme angedeihen ließen.

Im Vorstehenden haben Wir Euch gezeigt, ehrwürdige Brüder, wer zur Mitwirkung bei der Lösung der wichtigen sozialen Frage berufen ist und wie die Mitwirkung sich zu gestalten hat. — Möge jeder Berufene Hand anlegen ohne Vorzug, damit die Heilung des bereits gewaltig angewachsenen Uebels nicht durch Säumniß noch schwieriger werde. Die Staatsregierungen mögen durch Gesetze und Verordnungen vorgehen, die Arbeiter, um deren Loos es sich handelt, mögen auf gesetzliche Weise ihre Interessen vertreten; und da die Religion, wie Wir zu Anfang gesagt haben, allein zu einer vollkommenen inneren Abhilfe der Mißstände befähigt ist, so möge sich die Ueberzeugung immer mehr verbreiten, daß es vor Allem auf die Wiederbelebung christlicher Gesinnung und Sitte ankommt, ohne welche alle noch so weisen und versprechenden Maßnahmen wahres Heil zu schaffen unvermögend bleiben. — Was aber die Kirche angeht, so wird diese keinen Augenblick ihre allseitige Hilfe vermissen lassen.

Ihre Thätigkeit wird um so wirksamer sein, je größere Freiheit der Bewegung ihr gelassen wird. Mögen dies namentlich Diejenigen vor Augen haben, in deren Hände das Heil der Staaten gelegt ist.

Mögen alle Glieder der Geistlichkeit ihre volle Kraft und allen Eifer der großen Aufgabe widmen, unter Eurer Führung und nach Eurem Beispiele, Ehrwürdige Brüder, unermüdlich die Grundsätze des heiligen Evangeliums allen Ständen vorhalten und einschärfen, mit allen ihnen zu Gebote stehenden Mitteln an der Wohlfahrt des Volkes arbeiten, vor allem aber die Liebe, aller Tugenden Herrin und Königin, in sich bewahren und in den anderen, Hohen wie Niedern, anfachen. Das Heil ist ja insbesondere von der vollen Bethätigung der Liebe zu erwarten, jener christlichen Liebe nämlich, die der kurz gefaßte Inbegriff der evangelischen Gebote, die, immer bereit, sich selbst für des Nächsten Heil zu opfern, das heilkräftigste Gegengift gegen den Hochmuth und Egoismus der Welt ist, und deren göttliches Bild und Walten der Apostel Paulus mit den Worten gezeichnet hat: „Die Liebe ist geduldig, sie ist gütig; sie sucht nicht das ihrige; sie duldet alles, sie trägt alles.“ [34])

Als Unterpfand des göttlichen Segens und Erweis Unseres Wohlwollens spenden Wir Euch, ehrwürdige Brüder, Eurem Clerus und Volke in Liebe den apostolischen Segen.

Gegeben zu Rom bei St. Peter, am 17. Mai 1891, im vierzehnten Jahre Unseres Pontificates.

Leo XIII.

[34]) I. Cor. 13, 4, 7.

V. Register.

Die mit § versehenen Zahlen beziehen sich auf die Paragraphen der Gewerbeordnung in der Fassung des Reichsgesetzes vom 1. Juni 1891, die mit S. versehenen Zahlen auf die Seiten des Buches.

FSC
www.fsc.org
MIX
Papier | Fördert
gute Waldnutzung
FSC® C083411

Kolibri 360 GmbH
Ferdinand-Jühlke-Straße 7
99095 Erfurt, Deutschland
produktsicherheit@kolibri360.de